智慧妈妈十件事

刘中良／著

南方日报出版社
NANFANG DAILY PRESS
中国·广州

图书在版编目（CIP）数据

智慧妈妈十件事 / 刘中良著. -- 广州 : 南方日报出版社，2024.1（2024.6 重印）

ISBN 978-7-5491-2756-6

Ⅰ. ①智… Ⅱ. ①刘… Ⅲ. ①家庭教育 Ⅳ. ①G78

中国国家版本馆 CIP 数据核字（2023）第 199298 号

ZHIHUI MAMA SHI JIAN SHI

智慧妈妈十件事

著　　者: 刘中良
出版发行: 南方日报出版社
地　　址: 广州市广州大道中 289 号
出 版 人: 周山丹
责任编辑: 方　明　黄子旸
责任校对: 阮昌汉　朱晓娟
责任技编: 王　兰
经　　销: 全国新华书店
印　　刷: 广州市尚铭印刷股份有限公司
开　　本: 787 mm×1092 mm　1/16
印　　张: 15.25
字　　数: 260 千字
版　　次: 2024 年 1 月第 1 版
印　　次: 2024 年 6 月第 2 次印刷
定　　价: 126.00 元

投稿热线:（020）87360640　　读者热线:（020）87363865

发现印装质量问题，影响阅读，请与承印厂联系调换。

前言
Preface

智慧的传承与相信的力量

从2002年开始，我国先后颁布了《中小学心理健康教育指导纲要》《中共中央　国务院关于进一步加强和改进未成年人思想道德建设的若干意见》《全国家庭教育指导大纲》《中华人民共和国家庭教育促进法》《关于指导推进家庭教育的五年规划（2021—2025年）》《关于健全学校家庭社会协同育人机制的若干意见》等政策文件，推动了社会对未成年人心理健康教育与家庭教育的关注。

2003年，6Q（EQ情商、IQ智商、SQ灵商、AQ逆商、CQ创意商、RQ资源商）和谐理念在我的工作实践中初步萌芽；2006年10月26日，我创建了6Q体系模型并创办了“6Q教育”品牌。6Q教育的愿景是：成为以情商教育为核心、以培养身心灵和谐为目标的人才开发引领者。多年来，随着国家政策的持续推动，6Q教育的内容与方法变得更为丰富、科学，发展得更快、更有动力，弥补了家庭教育与学校教育的不足。

6Q教育曾被腾讯教育评为“2020年度中国家庭教育领军品牌”，几乎每周在全国各地都有6Q导师在讲授6Q的课程。广州总部与各地办事处的6Q人共同努力，创造奇迹成为6Q人的习惯。

6Q教育取得这么好的成绩，作为6Q教育的创始人，经常有人问我：你的智慧是怎么来的？6Q的智慧是怎么来的？你是怎么将万事万物转化为成长机会的？

只要看完《智慧妈妈十件事》这本书，这些问题的答案都会一一揭晓。

感恩妈妈

《智慧妈妈十件事》主要写了我的母亲令我印象特别深刻的十件事。同时，我对这十件事进行了两个方面的拓展：一是感恩母亲对我人生的积极影响；二是我如何将母亲的智慧转化为实际的行动。

我既是这些感人事件的亲历者，也是家庭教育的研究者，我将从专业层面分析母亲如何给予我积极的影响，我也将用母亲的智慧来协助广大父母，促进孩子德、智、体、美、劳、情六个方面的全面发展。

6Q 理念认为，情绪化会代际传递，高情商也会代际传递。所以，我们既要做原生家庭不良品质的终结者，也要做原生家庭优良品质的传承者，更要做原生家庭幸福和谐的开创者。

原生家庭幸福和谐，离不开孝顺父母。“百善孝为先”，孝顺父母是做人的根本，我们要努力做到三个层次：

第一，物质上满足父母。保障父母的衣食住行和医用等等，这是最基本的孝敬。

第二，精神上关怀父母。专注、投入地与父母对话，聆听他们的心声和成长经历，表达对他们的爱，在心灵上滋养彼此，这是最暖心的孝敬。

第三，传承上超越父母。让父母的优秀品质与智慧在我们和我们的子女身上得到充分的传承与绽放，一代超越一代，这是最有意义、最深邃、最持久的孝敬！

我通过本书，深切缅怀我的母亲，努力做到孝顺的第三个层次——把母亲优秀的品质与智慧一代代传承下去。

母亲虽然不识字、文化程度极低，但她用智慧、勤劳、善良、坚韧、自信和包容等美好品质呵护包括我在内的所有子女，让我们成长成才、成家立业。

2014 年 10 月母亲和父亲游览北京颐和园

母亲和我在段德昌烈士雕塑前

首先介绍一下我的母亲和她的家族：

我的母亲叫段春秀，湖南南县人，农历一九三九年十月二十四日出生，农历二〇二〇年腊月十九日逝世，享年八十二岁。

她是一位平凡而又典型、目不识丁而又极具智慧、非常善良的农村妇女。

典型的地方是：母亲生于农村，长于农村，留恋乡土，落叶归根。她和父亲几十年如一日、面朝黄土背朝天、含辛茹苦地把家里五个孩子养大成人。母亲一生勤俭养德，不求富贵，仅求“所住摇摇欲坠的茅草屋下雨时三天不漏雨，煮饭时三天不向外借米，三天无人上门来讨债”的安宁生活。

智慧的地方是：母亲勤劳善良、坚韧不拔、自立自强。她虽然目不识丁，却坚定地支持五个孩子多读书，让我们自由追求梦想；母亲人到中年时，我家公粮被偷，当全家人生活无以为继时，母亲放下面子四处讨孝米、开荒种菜、借高利息贷款，凭她坚强的意志让全家人活了下来。步入老年之后，母亲忍受着子女外出打工创业的别离之痛，同时给予我们最大的信任与祝福。

善良的地方是：她始终相信我会越来越好，其他子女会越来越好，家族会越来越好，国家会越来越好！

我和母亲、大姐（刘开云）、爱人（汤爱武）

我的智慧妈妈虽然已离去，但我一直心存感恩。

第一，让我传承了家族智慧

母亲是有智慧的，我与父亲产生冲突后，她对我诉说父亲的好，用五个美好的画面化解了我痛苦的回忆；我被冤枉偷橘子后，母亲找来当地派出所所长，让他出面为我洗清冤屈，挽回我的尊严；母亲虽然不能通过读书来获取智慧，但她懂得传承我外公外婆的智慧，懂得在劳动实践中总结智慧，同时还能运用这些智慧来帮助我成长。

可以说，我的智慧来自两个方面：一是传承家族智慧，包括三代传承，我母亲传承外公外婆的智慧，我传承了母亲的智慧，我的孩子传承了我和太太的智慧；二是我通过持续践行学习修，让我的 6Q 越来越和谐圆满，生命越来越绽放精彩。

我的外公外婆在世时是摆渡人，他们风雨无阻地把人从此岸渡到彼岸。现在，我从事6Q教育事业，积极协助更多人实现6Q的和谐圆满，努力把人从不和谐的“此岸”渡到和谐圆满的“彼岸”。

第二，促进我人生“四业”发展

母亲是有智慧的，她潜移默化地促进了我人生“四业”——学业、专业、职业、事业的发展。

在学业上，母亲总给我积极的暗示。我读小学时，母亲逢人就夸我的数学成绩好，这种间接欣赏让我获得了积极的心理暗示，潜意识里想持续强化这个优点，学习也更加努力认真。后来，我不仅数学成绩越来越好，其他科目成绩也一同越来越好。

在专业上，母亲为我指引了方向。我家公粮被偷后，母亲更加意识到粮食的重要性，在我填写高考志愿时，她坚持让我读粮食学校。1991年9月，我进入武汉粮食工业学院（现武汉轻工大学）食品机械系，就读机械设计与制造专业，为之后的职业发展打下了良好的基础。

在职业上，母亲支持我的所有决定。我一开始想从事与粮食有关的职业，1992年暑假，我主动到深圳宝安原35区某香港公司实习；1993年暑假，我又深入调研湖北荆门粮食行业；1995年，我到湖北安陆粮机厂实习。毕业后，我从事过保险业，后来又进入人才开发与家庭教育领域。但不管我做什么工作，母亲都无条件支持我，因此我干一行爱一行，尽力做到最好。

在事业上，因为母亲的支持与一次偶然的工作经历，我发现了家庭教育的意义。于是，我走上跨界发展之路。之后，我创建了6Q教育体系，并推出了“青少年6Q领袖营”“高EQ智慧父母”“高EQ导师”等课程，以广州为总部向全国各地传播6Q教育的理念。截至2024年5月，6Q教育已登记著作权103项、商标28项；6Q线下课程已传播至全国25个省级行政区、90个地级市，影响了260多万家庭。

当有人问我如何成功实现转型时，我这样回答：“从粮食行业到教育行业，看似是很大的跨界，其实二者有共通之处。从前我在大学里学的是粮食机械设计与研发，为人们补充身体营养，而现在我进行 6Q 教育体系的设计与研发，为人们补充心灵营养，这两者都为人们补充营养，只是侧重点不同。”

这里正好回答了我是怎么将万事万物转化为成长机会的。

高情商的父母可以化危为机，就像我母亲利用高情商的沟通、随机应变，帮我解决了校园冲突，还将冲突化为各方成长的机会；当我将一把小铲子捡回家时，母亲把这件事转化为教育我的机会，积极引导我要替别人着想，鼓励我主动把东西放回原处。

在母亲对我的教育引导中，我产生了这样的觉察：万事万物都是可以转化为机会的。后来，我研发了“高 SQ 六步正能量转换法”，通过定对象、找感觉、列特质、自转化、多内化、表感恩等 6 个步骤，将正能量的优秀品质融入自我的潜意识中。

母亲与孩子们合影
（从左到右：二哥、大哥、母亲、姐姐、我、弟弟）

我和母亲在母亲八十大寿庆典上

第三，让我相信“相信的力量”

母亲是有智慧的，她既没有留下多少金钱，也没有留下什么产业，却给家族留下丰厚的“遗产”，那就是她的智慧。在这本书中，我选择了典型的十件事来阐释母亲的十种人生智慧——化危为机的智慧、化解隔阂的智慧、共情共理的智慧、挽回自尊的智慧、直面困难的智慧、训练非智力因素的智慧、宽以待人的智慧、补充心灵营养的智慧、做人与做事的智慧、正向暗示的智慧。

后来，我也运用母亲的智慧，运用相信的强大力量，相信6Q教育事业会越来越好。

这正好回答了6Q的智慧是怎么来的。

我传承了我母亲的智慧，同时还吸收了西方应用心理学的智慧和东方儒、释、道三家的智慧，最后孕育出了6Q智慧。

6Q信念相信生命的本质是向上向善的、喜悦创造的、绽放和谐的。我相信所有6Q人会越来越好，我也相信在不久的将来，6Q教育的使命（助力人才强国战略）、愿景（让全中国四万万家庭和谐起来）和目标（开办中国6Q大学或中国中和大学）都可以实现……

书的价值

《智慧妈妈十件事》这本书，主要有六个方面的价值。

第一，故事真实，充满价值与正能量

书里有故事、有案例、有解决方案，落地简单、效果显著。不论是父母、老师，还是专业的心理咨询师，都可以快速学习到相应的知识并应用于实践中。只要你用心读懂这十件事，就会获得启发与灵感。

第二，三代智慧，助人生更加高效通透

这本书浓缩了我的家族三代人的智慧，包括外公外婆对我母亲的影响、母亲对我的影响、我和太太对孩子的影响。这本书，可以让读者的思维穿越三代人的岁月时空，领悟十种人生智慧，让人生更加高效通透。

第三，智慧导图，20 年集体智慧的结晶

本书汇聚了 20 年来 6Q 教育在家庭教育领域的最新研究成果。我将所学的成果化繁为简、化文为图，通过简单实用的图表形象生动地诠释了家庭教育的精华。这些智慧导图已办理版权登记，受到版权保护。读者只要结合书中的故事、智慧导图的指引和详细解释，就能拥有家庭教育的核心知识，就能运用这些知识来解决现实生活中的问题，解决自身的困惑、家庭的困惑以及家族的困惑。

第四，图文并茂，助你“三恰”圆满

“三恰”包括：自恰，我身心灵和谐，即 6Q 越来越和谐；他恰，我你互动越来越双赢、我你情境越来越匹配；续恰，我的过去、现在与未来越来越连贯。本书融入了故事插图、智慧导图，做到图文并茂，能让读者实现“三恰”体验——自恰：观图以悦目、读书以悦己，以情商智慧提高生活质量，身心灵自然和谐；他恰：本书既可以独享，也可以与别人分享，家人、朋友在生活中遇到类似书中的挑战与困惑时，就可以和他们分享书中的解决方法，让你与家人、朋友的关系越来越好；续恰：阅读本书，汲取十种智慧，不仅有益于自己，还有益于下一代的发展。

第五，获取和谐自我、绽放他人的密码

我们通过对万事万物的认识与研究，才能获得知识；获得知识后，意念才能真诚；意念真诚后，心思才能端正；心思端正后，才能修养品性；品性修养后，才能促进家庭和谐、家族和睦。

现在，广大读者通过学习本书的内容，获取知识、增长自身智慧，也是为了管理好自身、家庭、家族。

给后代留金钱，不如留智慧；给后代留产业，不如留希望。有些人财富多，但智慧不多，终究难以留财；有些人容貌美，但智慧不足，终究难以留芳；有些人成就多，但志向不远，终究难以为继；有些人寿命长，但绽放不多，终究难以高光。人生如何破局？和谐自我、绽放他人的密码在此书中多有体现。

第六，与《亲子互动 26 问》交替阅读，相得益彰

《智慧妈妈十件事》有助于增长父母的情商智慧，我的另一本书《亲子互动 26 问》有助于提升亲子的沟通能力，两本共读，受益匪浅。一方面，让父母自己有智慧；另一方面，让亲子互动有方法，可达到“1+1 ＞ 2”的效果。

我的期待

《智慧妈妈十件事》共十章，每一章的体例包括导语、真情回放、感恩影响、智慧行动、6Q 案例、综上六个部分。

“导语”引出整个故事，定下情感基调。

“真情回放”详细描写母亲感人至深的教育故事。

“感恩影响”记录了母亲对我的积极影响，表达了我对智慧妈妈的感恩之情、钦佩之情。

“智慧行动”主要写我如何运用智慧妈妈的方法和 6Q 的智慧来解答社会上的种种困惑。

“6Q 案例”记录了 6Q 人在遇到困惑、挑战、危机时如何通过活学活用 6Q 智慧来解决。

“综上”总结整个章节的主要内容和核心知识点。

全书文学性、理论性与实用性相统一，让广大父母、学校教师、专业心理咨询人员等获得智慧的启迪、通透的人生和圆满的生活。

我期待通过这本书向广大读者分享我母亲的智慧、我的智慧和6Q的智慧，通过温和而坚持地分享与传播，让越来越多人的6Q和谐起来，让越来越多家庭和谐起来，让越来越多家族和谐起来！

对于《智慧妈妈十件事》这本的出版发行，感谢太太、两个宝贝女儿、大姐、大哥、二哥、弟弟的集体追忆与情感连接，感谢所有6Q人对6Q智慧的长期实践应用、信任与传播，感谢出版社编辑与发行团队的关心和支持，感谢6Q教育图书项目组所有人员的全情投入。

中国·广州

目录
Contents

第1件事 我被同学欺凌——妈妈化冲突为成长 /003

真情回放 /004

母亲帮我解决校园冲突 / 004

我特别敬佩母亲的四个方面 / 008

感恩影响 /009

母亲帮我解决冲突，对我有什么启示？ / 009

智慧行动 /013

孩子被欺凌或者欺凌别人，有什么后果？ / 013

不同层次的校园冲突，采用不同的处理方法 / 014

6Q案例 /017

高 EQ 智慧父母如何应对人际冲突？ / 017

第2件事 我与父亲产生隔阂——妈妈用美好画面化解 /025

真情回放 /026

我与父亲产生隔阂 / 026

母亲用美好画面化解我与父亲的隔阂 / 028

感恩影响 /037

消解原生家庭伤痛的“四个转念”/ 037

智慧行动 /040

父母如何处理家庭暴力？ / 041

6Q案例 /043

孩子网瘾严重，父母怎么办？ / 043

第3件事　我捡回一把小铲子——妈妈用共情引导我改变 / 049

真情回放 / 050

母亲告诉我：不是自己的东西不要拿 / 050

感恩影响 / 053

孩子“占有欲”太强，怎样教育？ / 054

智慧行动 / 056

被诬陷的孩子自杀，说明什么？ / 056

6Q案例 / 061

孩子未经允许拿钱，怎么办？ / 061

第4件事　我被冤枉偷橘子——妈妈为我挽回尊严 / 075

真情回放 / 076

母亲请派出所所长为我洗刷冤情 / 076

感恩影响 / 084

被冤枉的经历，对我有什么影响？ / 084

智慧行动 / 086

被冤枉学生跳楼自证清白，说明什么？ / 086

6Q案例 / 089

孩子被冤枉了怎么办？ / 089

第5件事　我家公粮被偷——妈妈坚强面对巨大变故 / 095

真情回放 / 096

母亲带领全家渡过难关 / 096

感恩影响 / 101

母亲让我读粮食学校 / 101

求学之路：努力奋斗，迎难而上 / 102

智慧行动 / 105

孩子离家出走，父母怎么办？ / 106

6Q案例 / 111

单亲妈妈抚养孩子，如何面对各种挑战？ / 111

第 6 件事 我休学一年——妈妈智慧开导 / 115

真情回放 / 116

母亲对我休学后的“特殊安排” / 116

感恩影响 / 122

孩子厌学的真正原因是什么？ / 122

智慧行动 / 124

让孩子赢在起跑线，真正的意思是什么？ / 124

6Q案例 / 126

孩子厌学，怎样转化为可持续发展的机会？ / 127

第 7 件事 同学偷拿我的棉被——妈妈宽以待人 / 133

真情回放 / 134

母亲宽以待人 / 134

感恩影响 / 141

小时候未经允许拿西瓜的教训 / 141

智慧行动 / 145

孩子同学来家里拿东西，父母应该怎么处理？ / 145

6Q案例 / 150

大女儿写《冒险偷莲蓬》被评为优秀，说明什么？ / 150

第 8 件事 我备战高考——妈妈为我补充身心营养 / 157

真情回放 / 158

母亲出面安排后勤工作助我安心高考 / 158

感恩影响 / 162

如何抓住孩子成长的“窗口期”？ / 162

智慧行动 / 167

孩子高考，父母要住星级酒店全程陪伴？ / 167

6Q案例 / 168

持续补充身心营养，给孩子重生的希望 / 168

第9件事　年三十团圆饭——妈妈教我做人道理 / 175

真情回放 / 177

母亲让我去请姑奶奶来家里吃团圆饭 / 177

感恩影响 / 182

我回家尽孝、办丧事 / 182

我独立运作社区家长学校 / 187

智慧行动 / 192

父母如何教育孩子孝顺？ / 192

6Q案例 / 195

我培养大女儿独立做事 / 195

第10件事　最具力量的话语——妈妈相信所有人会越来越好 / 201

真情回放 / 202

母亲常说：我相信你们会越来越好 / 202

母亲为什么相信所有人会越来越好？ / 207

感恩影响 / 209

母亲怎么增强我的自信力？ / 209

智慧行动 / 212

孩子被贴负面标签影响身心健康，怎么补救？ / 212

6Q案例 / 215

要相信“相信的力量” / 215

智慧妈妈十件事

★父母关心孩子的心情胜过关心学习，让孩子的个性自由绽放。

★孩子向父母求助，父母要及时回应，做孩子的第一求助人。

★解决冲突不仅要治愈孩子身体上的伤疤，还要疗愈心灵上的创伤。

第1件事

我被同学欺凌

——妈妈化冲突为成长

导语：人，是身体与心灵的和谐体。当一个人与外界发生冲突时，内在的心灵状态会受到影响。孩子生活在家庭、校园与社会当中，会与不同的人产生千丝万缕的联系和互动，有的互动是积极的、正能量的、相互滋养的，如鼓励、欣赏、团结和互助等；而有些互动是消极的、负能量的、相互伤害的，如冲突、矛盾、威胁与恐吓等。在普通父母看来，孩子与同学之间发生冲突似乎是无解的难题，让人身心疲惫。而在智慧妈妈看来，孩子与同学之间的冲突是人生道路上不可避免的坎坷，父母学会用智慧协助孩子解决冲突，既能避免孩子遭受身心创伤，也能让他们获得成长的机会。

真情回放

在每个人的心中，母亲的形象是不同的，有人说母亲像大树，能为子女遮风挡雨；有人说母亲像港湾，是子女自由撒娇的地方；有人说母亲像大海，可以包容与接纳子女所有的不足。而在我的心中，母亲就像温柔的朝阳，用她的慈爱与智慧照耀着我、包容着我。她在一生中，始终微笑地聆听着我、连接着我、感染着我，让我一次又一次成长。

在这里，分享智慧妈妈第一件真实的事。

母亲帮我解决校园冲突

在我上小学一年级的某个清晨，朝阳如火，雾气渐消。我起床后，垂头丧气地进了厨房，步伐没有了往日的轻快，心情也低沉得没了与母亲聊天的欲望。

当时，母亲一边炒菜，一边淘米做饭。我就拿些木柴帮母亲烧火。我坐在土灶前，看着土灶里的火越烧越旺，一言不发，也不敢看母亲的眼睛。

很快，母亲敏锐地觉察到我今天的状况有些不对劲——平常欢声笑语的儿子怎么变得沉默寡言了？

母亲问我："良妹子，你是不舒服，还是有心思？"

这里解释一下，母亲为什么把我叫作"良妹子"。以前农村孩子的夭折率比较高，湖南农村有个取小名的习俗，男孩要取像女孩的小名，女孩要取像男孩的小名，这样做是希望迷惑阎王派来的索命鬼，让他们找不到、抓不住孩子。

我忍着身上的疼痛说："没有什么事呀，还好。"

母亲看出我有点不舒服，和蔼可亲地再问了一次："你是不是身体不舒服？如果有事的话，你要尽快告诉我。"

我只好承认："妈妈，我是有点不舒服。"

母亲继续问："你跟我说说怎么回事，为什么不舒服？"

我伤心地说："妈妈，班上有两个同学老是欺负我。"

母亲又问："那两个同学是谁？"

我说："就是我们同村的同学，权家（化名）那对双胞胎兄弟。他们经常在下课后打我。"

母亲听后，马上蹲下身来仔细检查我的身体，她发现我的小腿上有些淤青，关切地说："你肯定很痛，你跟我说说，权家那对兄弟是怎么打你的？"

于是，我一五一十地把实情告诉了母亲。

我刚读小学一年级时，有新的布书包、新的课本，还有新的同学，一开始非常开心。没想到，我与同村权家那对双胞胎兄弟分到同一个班，他们长得高大健壮，经常欺负班上的同学。不知道从什么时候起，他们就盯上我了，一下课就跑来欺负我。

那对兄弟很有"欺负别人的诡计"。双胞胎中的哥哥先跑来把我推到教室后方的墙边，让我靠墙站着，向上伸直手臂，不能动。接着他用双手像钳子一样夹住我的胳肢窝，并用他的身体挡住我的视线，大声对我说："你不要碰我啊，你如果先碰我，那就是你先动手，我就揍你！"我看他的架势，又听他这么说，大气不敢出，也不敢动了。

这时，双胞胎中的弟弟登场了，他一上来就不分青红皂白踢我的小腿。这个时候，我如果要去追那个弟弟，就会撞到那个哥哥，他们就有理由一起来打我；但如果我不动，就要忍受那个弟弟的踢打和那个哥哥的控制。所以，不管我动与不动，都会挨他们的打。现在回想起来，我觉得那对兄弟在欺负别人的时候确实有很高的创造力商数（CQ），他俩已经研究出一套"无懈可击"的"打法"，怪不得很多同学见到他们就绕道走。

他们还威胁我，不准我告诉老师和父母，否则他们会天天揍我。

被他们无端欺负，我叫天天不应，喊地地不灵，感到难受又痛苦。我变得特别害怕下课，因为一下课他们就会来打我。我也尝试过反击，一对一，我有战胜的可能，但是一对二，我明显处于弱势，正所谓“双拳难敌四腿”。他们欺负了我很多次，我因为害怕从来不敢声张，真正明白了什么是“吃哑巴亏”的悲凄感。在学校，我不敢跟老师说；在家里，我也不敢跟母亲说，担心那对兄弟会变本加厉地报复我。

终于，我把事情的来龙去脉和内心的痛苦全部告诉了母亲。我说着说着，心中涌起一股难受的寒流，不听话的泪花开始在眼眶里打转。

母亲听完事情的经过，看见我快要哭的样子，大声说：“儿子，不要害怕，我帮你去解决。谁敢欺负我儿子，就算他们像螃蟹一样有八只脚，我也要拧断一只。”

我原以为母亲只是说说而已，没想到，她行动力特别强。平常母亲会炒两三个菜，可听完我的诉说后，她用一碗水“哧”的一声浇灭了灶火，把已经淘好的、放到锅里的米又重新捞起来，不做饭了。

母亲说：“早餐没饭吃，你就吃青菜吧，吃完就去上学。”

说完她就冲了出去，很快就不见人影了……

我也不知道母亲去了哪里，吃完青菜后，我就背着书包迎着暖烘烘的朝阳上学去了。

当时，我还担心我和母亲说了实情，那对双胞胎兄弟可能会变本加厉地打我。可是，从那天以后，那对兄弟再也没有欺负过我。

过了几天，我忍不住问母亲：“妈妈，那天你去了哪里？你用什么办法让权家那对兄弟不再来欺负我了？”

于是，母亲详细地和我说了那天她去“危机公关”的经过。

地理位置上，学校在我家左边，权家兄弟的家在我家右边。那天母亲径直朝着他们家的方向走去，没多久，就碰上了两个相貌与个头都差不多的男孩，正背着书包朝学校的方向走，她一下子就确定他们就是在学校欺凌我的那对双胞胎兄弟。

但母亲并没有为难他们，只是淡淡问一句：“你们两个小朋友是不是刘中良的同学呀？”

那对兄弟有些忐忑不安，担心他们在学校打人的事被我告发了，他们眼光闪躲地回答：“是啊，我们现在要去上学。”

母亲对他们说：“你们不要跟别人打架哟，我家中良也不打架，大家都不打架，我相信你们的关系会越来越好的，也是可以做朋友的。”

那对兄弟连声说：“好、好……”

母亲跟他们打过照面后，就找他们的父母沟通去了。

母亲到了那对兄弟的家，发现他们的父亲正在做早饭。

母亲说：“权叔，你家有一对双胞胎儿子，我告诉你一个情况，今天一大早，我儿子跟我说，你的两个儿子在学校经常欺负他，而且还是二打一。如果你不好好教育他们，以后你家孩子再欺负我家孩子，即使你们有八只脚，我也要拧断一只。”

一大清早就有人“上门告状”，权家兄弟的父亲感到很理亏，连早饭也不做了，当即表态：“我知道了，我会好好教育他们一番。”

那天，母亲先是在半路上给那对兄弟打了“预防针”，让他们当天不敢来欺负我；下午放学回家后，他们又要忍受父母的“雷霆之怒”，所以，那对兄弟再也没有欺负过我。

时隔多年，我仍然十分感谢母亲，她虽然不识字，但是她有敏锐的觉察力，能聆听我的心声，能找到问题的关键所在并迅速解决。在与同学的冲突中，我越逆来顺受，越不敢说出真相，就越会遭受欺凌和痛苦。所以，孩子在学校被欺负后要学会及时求助，让父母成为自己的第一求助人。幸运的是，母亲很快就解决了困扰我许久的问题，让我心情愉悦，重归阳光少年，从那天以后，我吃饭更香了，上学更积极了。

女本柔弱，为母则刚。母亲总能在有限的条件下为子女营造无限的温馨，她就像天上的太阳，用温暖的爱为我驱散心灵的阴霾；我就像田野里的禾苗，得到了太阳无私的光和热，才能茁壮成长，变得生机勃勃起来。

我特别敬佩母亲的四个方面

第一，十分关心孩子的心情

我母亲在十岁左右上过一个月的学，因父母生病，无力负担学费，她就没再上学。可以说，她是个“文盲”，但这不等于她没有智慧。

母亲辅导不了我的学习，但她懂得关心我的心情，自从我读小学之后，她经常问我心情如何、开不开心。这种关心方式让我们的亲子沟通变得十分顺畅、十分愉悦。

父母关心孩子的心情胜过关心孩子的学习，这能让孩子的个性自由绽放。这种影响是可以代际传递的，外公外婆的家庭教育方式影响了我母亲的家庭教育方式，而我母亲的家庭教育方式也影响了我对两个女儿的教育方式。

第二，对孩子言传身教

母亲生活在农村，每天要做很多家务，干很多农活。虽然辛苦，但她却能将劳作与教育孩子结合起来。

在我小的时候，母亲经常教我做家务，她会一次又一次耐心地教我准备柴火、划火柴生火、淘米做饭、炒菜等。

母亲还经常教我干农活，她带着我翻土、碎土、除杂草、种下菜苗、浇水。待黄瓜、豆角等蔬菜藤长出来时，母亲又带着我给蔬菜藤搭上棚架——用木棍或竹条搭成一排排的架子。不久之后，架上就挂满了黄瓜、豆角。

我十分感谢母亲，在教我做家务、干农活的同时，培养了我的生活自理能力、与他人协作的能力和独立做事的能力。

第三，敏锐察觉孩子的变化

敏锐，就是反应灵敏、目光清晰、头脑灵活。我母亲是个很敏锐的人，她总能先人一步发现问题、解决问题。上述事例中，母亲通过观察与聆听，获知我的状况，于是她的脑子快速运转起来，寻找解决办法。最终，母亲通过高情商的表达，让问题得到化解。母亲的观察力和沟通能力，也影响了我后来对很多事情的判断、分析与处理。

第四，与人沟通“顾三方”

在这件事中，我母亲巧妙运用语言的力量，说话时顾三方（你、我、情境），针对不同的人说不同的话，让大家都能舒心接受并积极行动起来。

那天，母亲遇到未成年人（那对双胞胎兄弟）时，只是表达了“希望”，希望他们在学校不要和我打架。

当母亲遇到成年人（那对双胞胎兄弟的父亲）时，直接提要求，督促他好好管教自己的儿子。

在沟通中，我母亲并没有“越俎代庖”直接教训那对兄弟，也没有与他们的家长发生冲突，只是客观表达了事情的经过及可能产生的后果，最终还是把教育的权利留给那对兄弟的父亲。

可见，母亲是个高情商的人，她知道自己不能欺负别人家的孩子，但是她有权警告他们的父亲，因为他们的父亲是成年人，成年人应该有自己理性的判断与成熟的处理方式。

感恩影响

母亲帮我解决冲突，对我有什么启示？

第一，关注孩子的心理健康

孩子小的时候，对外界事物的认知与理解不透彻，外界事物的细微变化，都可能会引发他们内心的波澜和情绪化行为。因此，父母不仅要关心孩子的学习成绩，更要关心孩子的心理健康。

孩子的心理健康包括孩子的情绪是否稳定、心情是否愉快、意志是否坚定、言行是否一致、自我评价是否客观积极、人际关系是否和谐等，这些都是父母需要关注的方面。孩子如果情绪稳定、心情愉快、意志坚定，学习成绩就更容易进步。

多年之后，我成家了，有了自己的孩子，我也运用母亲的方法进行亲子互动交流。我很关注两个女儿的心理健康和身体健康，至于学习的问题则更注重启发她们自己想办法解决，并鼓励她们与老师探讨。

第二，及时回应孩子的求助

当孩子向父母求助时，父母要及时回应并解决。及时，就是要把握时机、抓紧时间、快速处理问题。

当父母发现孩子的求助信号（可能是一句抱怨的话、一个受伤的部位或者一个摔东西的行为）时，就要尽可能停下手上的事情，通过聆听，获知孩子内心深处的渴望，然后动用所有资源，全力以赴地帮助孩子解决问题。只有这样，孩子才觉得求助有效，之后才会及时向父母求助，才会把父母当成第一求助人。

有些孩子遇到问题、与别人发生冲突，宁愿自己扛着或者求助于别人，都不会向父母求助。孩子没有把父母当成第一求助人，究其原因，主要有以下六个方面。

一是孩子不自信，不敢向父母表达受欺负的事实。

不自信的孩子，通常比较胆小、很多事情不敢想也不敢去做、不喜欢与人交往、不敢当着很多人的面说话。当这类孩子遇到冲突时，他们处在紧张与恐惧当中，根本不敢向父母说明真实情况。亲子之间“情感存款”不多，孩子也担心会伤害到本来就不和谐的亲子关系。

二是孩子认为求助没有意义、没有帮助。

孩子过去遇到伤害时，可能向父母求助过，但是父母没有及时回应，或是不知道怎么帮助孩子，所以孩子再也不求助，因为孩子认为求助是没有用的。

三是孩子认为自己可以解决。

孩子遇到伤害后，认为即便不求父母，自己也完全有力量、有方法自行解决。比如：别人打他，他就打回去；别人嘲笑他，他也反过来嘲笑别人。当然，这种简单的“对等攻击”行为，不利于孩子的成长。

四是孩子认为对方会改变。

有些孩子被伤害后，认为对方会良心发现。于是孩子不去争取自己的权利，也不去追究对方的责任，认为只要等上一段时间，对方就会自己变好。然而，大多事实证明，对方的品性是很难改变的，所以孩子这种“逆来顺受”的行为也是不可取的。

五是孩子认为对方迟早会被收拾。

孩子可能认为“善有善报，恶有恶报，若还不报，时候未到”，相信对方迟早会招惹到更强势的人，总会有人帮自己出这口恶气。

六是孩子认为向父母求助会招来更多伤害。

当孩子遭遇伤害向父母求助时，有的父母经常会用 15 种“沟通绊脚石”来进行亲子沟通。这样，不仅无法解决孩子的烦恼，反而会二次伤害孩子，让事情变得更糟。

这 15 种“沟通绊脚石”包括：

（1）说教	（2）辩驳	（3）评判	（4）打岔	（5）命令
（6）责备	（7）攀比	（8）冷漠	（9）质疑	（10）警告
（11）翻旧账	（12）不以为然	（13）讽刺	（14）置之不理	（15）打骂

孩子不敢求助，会使矛盾冲突越来越大，牵涉的人越来越多，让大家的负能量越来越强。部分父母处理事情的方法简单粗暴，往往越帮越忙，甚至出现灾难性后果。

有新闻报道称，有个女孩被同班男同学长期欺凌，女孩的父亲居然持凶器进入教室杀害了那名男同学，这样冲动粗暴的处理方式，只会导致两败俱伤。

第三，能把冲突转化为机会

在我被同学欺凌的这件事中，母亲把冲突转化为让人成长的机会，而不是灾难。事情处理好了，这就是我成长的机会，也是那对双胞胎兄弟成长的机会，也是他们父母成长的机会。因为那对双胞胎兄弟通过冲突与我有了互动，而我母亲又是有智慧的，她通过及时沟通，让那对兄弟有了改过自新的机会，让那对兄弟的父亲有了严格管教的机会，也让我的心情由忧郁变成愉悦，同时，让我认识到及时向母亲求助是有用的。大家都成长了，问题也就解决了。

家庭教育是一项长期、系统的工程，需要父母与孩子的共同努力，正是："父母好好学习修，孩子天天向上善。"父母要持续提升自己的 EQ 智慧，要多教孩子做事的方法，培养孩子的自信心；要协助孩子解决问题，让孩子对父母恢复信心；要用正确的、双赢的沟通方式来解决问题，这样才能化危为机。

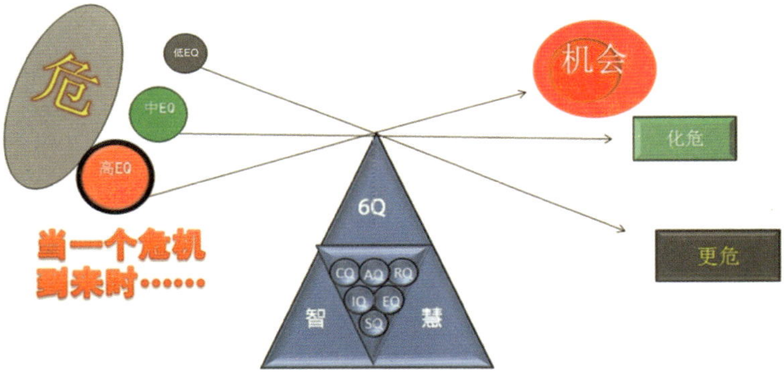

智慧导图:《化危为机图》

解释：当一个危机（如孩子之间冲突、亲子冲突、师生冲突等）到来时，高 EQ 的父母通过 6Q 智慧，可以化危为机；中等 EQ 的父母，只能化解危机；而低 EQ 的父母，可能让冲突变得更激烈。我母亲帮我解决我与同学之间的冲突、化危为机，就是高 EQ 的表现。

智慧行动

近年来，校园霸凌成为社会广泛关注的问题。学校处理起来比较棘手，因为事情涉及不同的家庭，需要花很多时间与精力做好全方位的沟通。家长处理起来也比较麻烦，如果不采用恰当的方法处理，可能会给涉事学生造成不必要的伤害，甚至连原本是受害的一方都有可能违法。学生又没有能力和资源自行处理。所以，校园霸凌一直是困扰老师、家长和学生的“顽疾”。

孩子被欺凌或者欺凌别人，有什么后果？

孩子被欺凌的后果一：自我封闭

孩子长期被欺凌，可能会令孩子的胆子越来越小，不敢与人交往，渐渐地走向自我心灵封闭。最终，孩子会变得没有自信、害怕与人沟通、总想隐藏自己真正的想法，从而无法表达自己的内心感受，甚至与社会脱节。

孩子被欺凌的后果二：爆发性反击

孩子长期是受害者，被压制到一定的程度也会产生爆发性反击，从受害者变成施害者。有的孩子被别人欺负过，就有可能去欺负比他们更弱小的人。有的孩子可能会冒出报复的想法：“别人欺负我，我就要欺负别人。”

孩子欺凌别人的后果一：变得很自负

如果孩子长期欺凌别人，并发现教师和家长都管不了，被欺凌的孩子也默不作声、逆来顺受、丝毫不敢还击，他可能就会变得很自负，享受做“霸王”的“优越感”。孩子的言行举止也可能会变得非常无礼，会通过贬低别人来抬高自己。孩子一旦习惯了目中无人、欺凌别人，就很难与他人进行平等的沟通与交流。

孩子欺凌别人的后果二：变成受害者

习惯欺凌别人的孩子我行我素、无法无天，但也可能会受到“惩罚”——被更厉害的人欺凌。这会形成一个“怪圈”——“欺凌别人—自负—被别人欺凌—自卑—再欺凌别人”。孩子陷入这个负能量怪圈，永远走不出来，很难成为阳光少年。

所以，父母一旦发现孩子之间出现小冲突，就要马上行动起来，将冲突转化为孩子成长的机会。

如果孩子在很小的时候发生了冲突，父母就能通过6Q智慧，将冲突转化为成长的机会，把问题解决在“怪圈”的第一个环节，那么孩子在今后的成长过程中就不易出现欺凌别人或被人欺凌的现象。

我们相信，生命的本质是向上向善的、喜悦创造的、绽放和谐的。孩子在小时候并不知道欺凌别人或者被人欺凌是怎么回事，只是很多父母和老师不懂化危为机，结果孩子受到不良环境与他人不良行为的影响，心中抱怨、仇恨等负面情绪越积越多，积累到了一定程度，就开始出现语言方面的攻击和肢体方面的冲撞。结果，不论是施害者还是受害者，他们的身心都会受到不同程度的伤害。

其实，当校园冲突发生后，施害者、受害者、双方的家长和教师，都有很大成长的空间，都需要提高情商智慧（EQ）。父母的情商智慧提高了，就可以及时有效解决冲突，实现多方共赢。教师的情商智慧提高了，就可以预防霸凌，提高反应速度和处置能力。孩子的情商智慧提高了，常常可以自行解决冲突。

不同层次的校园冲突，采用不同的处理方法

小丽（化名）从小学升入初中后，她经历了一段噩梦……

升入初中后，她遭到了同校3名初三女生的长期霸凌，这给小丽的心灵造成极大的伤害，导致小丽有些精神失常，经常一个人躲在角落里边流泪边胡言

乱语。

根据知情同学透露，由于小丽不愿意拿零用钱“孝敬”那3名女生，每次放学后，那3名女生就把小丽拉到没人的角落，逼小丽跪地自扇耳光……

在霸凌中，3名女生一边轮流殴打，一边威胁恐吓小丽——如果她告诉家长或老师，将受到更严重的毒打。结果，小丽因为害怕，一忍再忍，直到小丽的父亲发现女儿的精神有些失常，才了解了其中的真相……

故事中，如果小丽的父母经常关心小丽的心情，就会敏锐地发现她身上的变化，小丽的父母完全可以运用高EQ智慧化危为机，也可以向学校或专业人士、专业机构请教，从而妥善解决孩子间的冲突，也不会落得女儿精神失常、学业荒废的结局。

校园霸凌又叫校园欺凌、校园冲突，一般指学生在校园内外发生的冲突，按照参与冲突的人员数量，可以划分为三个层次：小型冲突、中型冲突与大型冲突。小型冲突一般是两个孩子之间短时间的冲突；中型冲突就是几个孩子跟几个孩子之间，时间较长的、涉及多件事情的冲突；大型冲突就是孩子与孩子之间、家长与家长之间、老师与家长之间、社会人士和师生之间的混合冲突。冲突发生后，高EQ智慧父母需要通过自己高效、正能量的行动，将冲突转化为各方成长的机会。

小型冲突：由孩子自己处理为主，父母、老师协助为辅

两个孩子之间的冲突，可能是同班同学、同校同学之间发生斗嘴、推搡、打架等情况，都属于小型冲突。小型冲突发生后，孩子、父母、教师，可以这样应对。

孩子：要主动、及时、面对面地表达自己的情绪，如委屈、愤怒、悲伤等，承担自己的责任并说对不起，或者主动找更高智慧的成年人求助，快速解决冲突。

父母：偶尔的小冲突可以适当放手，要把解决问题的主动权交给孩子，让

孩子发挥聪明才智去解决自己的事情。父母可以扮演协助者、建议者等身份，及时给孩子支持，尽量不要马上代替孩子解决问题。

教师：学会创设情境，协助孩子们自己友好解决问题。例如，引导孩子向同学道歉、主动为自己的行为承担责任、握手言和、写承诺书等。

中型冲突：由家长、老师处理为主，专业人士协助为辅

如果学生聚众争论、互相拆台等，这属于中型冲突。中型冲突发生后，孩子、父母、教师，可以这样应对。

孩子：孩子一般没有解决中型冲突的能力，因此孩子不要隐瞒真相，也不要擅自处理，最好的做法是向父母或教师（特别是心理老师）求助。如果孩子无法向父母或教师求助，或者认为这种求助方式不安全，可以向值得信赖的、更有智慧的人求助。

父母：可以说，孩子的问题就是一个点，智慧父母可以采用“由点切入、以点带线、以线带面、点面结合”的解决办法，先积极引导自己的孩子作出改变，再去影响与孩子同一立场的同学作出改变，最后用一群已经改变的同学去影响与他们对立面的同学发生改变。比如：在学校足球赛上，两个班的同学因为在球场上抢球发生碰撞，结果发展为打群架。父母可以聆听、欣赏孩子，当孩子心情好了之后，再协助孩子从自己身上找问题，主动承认动手打架犯了原则性错误，然后带着孩子去跟班级球队沟通，让大家都意识到自己言行上的错误，最后鼓励大家主动和好，集体去看望和关心受伤同学，争取“化敌为友”等。

教师：学校发生中型冲突后，教师可以协助家长、学生进行多层次、多情境的双赢、三赢沟通，争取合理解决。如果解决不了，教师可以向上求助，向教导处、德育处、校长办公室等争取更多帮助，借助学校的综合力量（如心理健康教育专业人士）多方位化解，让冲突成为彼此成长的机会。

大型冲突：依托专业社会力量化解

孩子之间的小冲突如果得不到有效解决，很有可能就会发展成中型冲突，甚至可能发展成大型冲突，孩子、家长、老师、社会人士都被卷入其中。这时，孩子、父母、教师可以这样应对。

孩子：可以配合父母、教师和其他社会机构解决问题。孩子一般不宜单独出面，需要监护人（父母）同时在场。

父母：情商智慧不够高的父母不宜再插手，避免越帮越忙；高 EQ 智慧父母可以协助学校和专业社会力量解决大型冲突。

教师：在大型冲突面前，教师的力量还是比较单薄的，要懂得向学校外部求助，利用专业社会力量来化解。解决校园冲突的专业社会力量，包括心理辅导站、校园伤害事故纠纷调解中心、司法或公安部门力量以及专业的团体冲突调解中心等。一般来说，学校、家庭、社会三方合力，很多大型冲突都能圆满解决。

我们解决校园冲突，越及时越好，要把问题解决在萌芽状态中，不仅要治愈孩子身体上的伤疤，还要疗愈孩子心灵上的创伤，让他们获得新的成长。要让孩子们明白，不要把自己的快乐建立在别人的痛苦之上，而是要用自己的快乐去推动别人快乐。相当于要开启孩子们的灵性商数 SQ，即宽广胸怀和大格局，要让他们拥有“照顾自己、尊重他人、顾及情境”的三赢思维。

un 案例

高 EQ 智慧父母如何应对人际冲突？

这里，分享一名上海小学生利用冲突应对的方法，将班上的“刺头”学生转化为好学生的故事。

某城市的高EQ导师黄女士，她的儿子小柯（化名）读小学四年级，班上有个“刺头”大熊（化名）同学，经常刁难同学、欺负同学。

有一天，黄女士正在广州上课，接到了儿子小柯打来的电话。小柯说，大熊把他摁在地上打，他的嘴巴都出血了。听起来问题有些严重，不过，小柯却说：“我告诉大熊这次我原谅他，不告诉老师，同时大声警告他下次不准再打人。请高情商的妈妈教大熊的父母怎么和他沟通。”

令人欣慰的是，小柯上过“青少年6Q领袖营”，已经懂得如何处理人际冲突了，他既能调整好自己的心态，也表达了自己的情绪，还能够原谅同学，懂得第一时间向母亲求助。

对于大熊，同学、老师、家长都很头痛，大家想了各种办法都无法改变他顽皮、爱骂人、爱打人的毛病。班上一半左右的同学都被他欺负过，有的学生家长甚至找到学校领导，要求把大熊转到别的学校，校方感到很为难。

不过，这一次小柯很有信心能改变大熊。在儿子小柯的求助下、在班主任和家委会的协助下，黄女士与大熊的父母进行了多次沟通。最终，黄女士见到了大熊。在沟通中，黄女士聆听了大熊的很多情绪表达，同时欣赏了他的很多优点，让他良知升起，内心充满了喜悦。

小柯请出母亲进行高情商沟通，先解决了大熊的心情，再开始解决他的事情，解决的办法有四个步骤：

第一，包容接纳大熊同学。

小柯在班级组建了足球队，经常带领同学们一起踢球。当小柯发现没哪个球队邀请大熊加入时，就主动邀请他加入自己的足球队。此举，让大熊渴望被接纳、被尊重的心理得以满足。接纳大熊比孤立他更“三赢”。

第二，改变他爱骂人的毛病。

在踢足球的时候，有些同学踢不好，小柯鼓励他们尽力踢就好。当大熊骂其他同学时，小柯就马上劝慰同学不理会大熊。当大熊骂小柯时，小柯高情商地说：“我感受到你很生气，你也希望我们踢好球，出发点是好的，但你这样的语气语调、这种说话方式，让我很不爽。”大熊发现骂别人也得不到回应，又被小柯这么一说，渐渐就不骂人了。

第三，改变他爱打人的毛病。

大熊打小柯时，小柯“打不还手”，但他会大声告诉大熊：“你的行为让我很生气、很难过。”在保护好自己的同时，小柯选择原谅他，没有告诉老师。因为他担心老师知道后责备大熊，大熊会更难过，可能会变本加厉欺负同学，形成恶性循环。小柯选择向父母求助，让家长之间做好沟通。有了高情商父母的持续聆听、欣赏与“我状况”表达，后来，大熊同学不那么在意输赢了，玩输了也不打人，情绪更稳定了。

第四，提高他的学习成绩。

小柯的学习成绩比较好，他主动和成绩不好、顽皮的大熊搞好关系，和谐相处。不时教大熊一些好的学习方法、学习习惯，在潜移默化中，大熊的学习成绩也慢慢进步了。

通过这四步，“刺头”大熊被转化成了好学生，他在班上的朋友也越来越多。现在，小柯已经五年级了，除了做班级足球队队长之外，一直承担着同学间“情绪调节师”的角色。

在这件事中，小柯主要做对了这几点：首先，同学之间发生冲突后及时表达情绪而非情绪化表达如对骂、对打，尽早向父母、专业人士求助；其次，先处理心情，再处理事情，先搞好关系，再解决问题；最后，相信生命的本质是向上向善的、喜悦创造的、绽放和谐的，顽皮的同学只要内心的良知与正能量升起，让他们感受到被关爱、被尊重、被接纳，他们就能自己改掉毛病，实现自我蜕变、自我绽放。

在“高 EQ 智慧父母”一阶课程中，我总结了应对人际冲突的有效方法。

第一，6Q 思维法化危为机

（1）6Q 之 SQ 思考。

在应对人际冲突中，要建立“冲突即机会”的信念。相信每一次的冲突至少有一个善意的目的——增进彼此了解，促进人际沟通品质。

（2）6Q 之 EQ 思考。

人际冲突发生后，不要做出过激言行反应。先处理心情，再处理事情。学会觉察与表达情绪，运用同理心感受对方的情绪，并按成熟的流程来化危为机。

（3）6Q 之 IQ 思考。

应对人际冲突，先进行协商探讨，可以采用“双赢协商六步曲”。

步骤一：“我状况”表达。

用足够的时间来表达各自的需求并了解冲突，特别是双方的潜在心理。

步骤二：集思广益，头脑风暴。

双方各自提出所有可能的解决方法。

步骤三：评估解决方法。

在所有可能的解决方法中，是否有某些缺点存在？是否太难实行和实现？它们对双方是否公平？

步骤四：商定双方都能接受的解决方法。

在这个阶段，双方都要认可所提出的解决方法。

步骤五：执行解决方法。

需要讨论执行时由谁来做、做什么、什么时候做。

步骤六：评估结果。

双方都必须了解，解决方法的选择权，永远都为双方而开放。

（4）6Q 之 AQ 思考。

应对好一个冲突后，又有新的冲突出现，这很正常。要建立“温和而坚持，陪伴成长”的理念，遇到新的问题，要积极思考新的解决方法。

（5）6Q 之 CQ 思考。

有创意地应对人际冲突、创造性地预防冲突发生，这对于建立良好的人际关系，非常有意义。

（6）6Q 之 RQ 思考。

如果感到自己在人际冲突应对中能力不足，或意识到冲突后人际关系会遭到严重破坏，或很难找到恰当的应对方法，最好及时向专业人士求助。

第二，“人际冲突应对 12 步”流程

父母与孩子、孩子与孩子、孩子与师生之间如果有冲突，协调者可以通过以下“人际冲突应对 12 步”方法来应对。

（1）双方有冲突，先找到一个相对独立安静安全的空间，聆听并处理他们各自的情绪，让他们面对面坐下，协调者坐在中间，表明自己中立的立场，尽可能让所有人的座位高度一致。

（2）邀请他们一起积极解决问题，化为彼此成长的机会。

（3）通过“石头、剪刀、布”的方式，谁赢了就由谁决定让谁先说。

（4）约定：当一方表达时，另一方要专注聆听，不可插话。

（5）当一方表达时，协调者邀请其客观真实讲述事实，表达情绪、想法、期待与渴望。

（6）双方表达完整后，按时间顺序理清来龙去脉，由协调者经过“三赢”整理后（身心灵和谐、我你情境匹配、过去现在与未来连贯）表达给双方听，并得到双方的认可。

（7）平等地欣赏双方的坦诚、勇气、信任与责任心等。

（8）双方相互道歉，直到彼此谅解。协调者在双方道歉前先问：“你是否承认你的言行给对方造成不良影响？”确认双方有诚恳道歉的态度。

（9）双方道歉后，协调者对双方表示欣赏。让双方勇于表达自己的状况、勇于承担自己的责任、勇于道歉、尽快提升情商掌控好自己的言行举止、尊重对方的同时顾及情境、学会及时求助等。

（10）协调者再次欣赏双方并感谢双方的信任。

（11）协调者请双方做出小结，鼓励双方说出应对这次冲突的收获，协调者可传递“我欣赏你、我很开心”等正能量词语。

（12）协调者请双方相互拥抱或握手，并表达对彼此的感谢。

第三，应对冲突的注意事项

父母应对家庭人际冲突，需要注意以下 6 个方面。

（1）父母缺少技巧、经验、沟通不熟练。

该怎么做？继续在实践中练习人际沟通技巧，学会使用双赢法进行沟通。比如，组织周末家庭活动，先在小问题上使用此法，然后逐步过渡到化解大冲突。同时，要注重“一碗水端平”，公平是最重要也是最有挑战的一部分。

（2）父母由于紧张没能在日常沟通交流中很好地运用学到的技巧，返回到使用“权威法”（利用家长身份强行推进某件事）或者“娇纵法”（娇惯放纵给孩子过度的自由）。

该怎么做？积极地倾听孩子的感受，表达“我状况”，说明其中的原因，再次重申自己非常重视和孩子的亲密关系，回到“双赢协商六步曲”。

（3）孩子不接纳这个方法。

该怎么做？返回到“双赢协商六步曲”的步骤一，表达各自的需求并了解冲突；如果孩子因过往矛盾产生了不满情绪，可以另外找恰当的时机化解。

（4）时间、资料、机会都有限。

该怎么做？解释情况，比如，你必须离开的原因。这时，需要对人际关系进行“情感投资”，给大家一段考虑的时间，约定下一次的沟通时间。

（5）父母和孩子还没准备好，大脑充斥着怀疑、悲伤、愤怒等负面情绪。

该怎么做？在使用“双赢法”之前，花充足时间去积极聆听孩子，先处理心情，再处理事情。

（6）一方或者双方都坚持他们的解决方法，不考虑其他选择方案。

该怎么做？这可能是由于价值观的冲突，可以通过尊重差异、寻找平衡点、调整自我等方式来应对。

综上：每当我打开儿时记忆的大门，一些痛苦的画面就会先显示出来。刚上小学一年级的我被班上一对双胞胎兄弟欺凌，痛苦不堪。好在母亲敏锐地觉察到我的情绪变化，并巧妙地把冲突化为三方成长的机会。母亲的智慧之处在于，通过间接教育的方式如春风化雨般及时化解冲突，她通过那对双胞胎兄弟的父亲来教育他们，而不是直接与他们发生冲突。最终，那对双胞胎兄弟获得了成长，不再欺凌同学；那对双胞胎兄弟的父亲也获得了成长，承担起父母管教孩子的责任；我本人也获得了成长，心情由长期的低落变成了持续的愉悦，学习也有所进步。时隔多年，每每想起这件事，母亲敏锐观察的眼光、铿锵有力的话语，还有风风火火冲出门去沟通解决问题的身影，就会浮现在我的眼前……

★父亲不善于表达感情，他爱我们的方式就是务实的行动。

★化解原生家庭的痛苦，要用正面图像稀释负面图像、积极转念。

★父母情绪化，孩子也易情绪化，父母情商高，孩子也易情商高。

第2件事

我与父亲产生隔阂

——妈妈用美好画面化解

导语：原生家庭，通常是指子女18岁以前，与父母生活在一起的家庭。每个人的原生家庭迥异，一般来说，如果人们在原生家庭没有得到满足的情感需要（如爱、安全感、被肯定等），将会努力尝试在新生家庭里获得满足。在我的原生家庭中，2007年以前，父亲给我最大的印象，是一幅不好的画面，因为在我10岁的时候，我父亲曾经暴打过我。后来，为了消除我对父亲的不好印象，母亲和我说了5个父亲为家奉献的故事，用美好画面化解我与父亲的隔阂。后来，我考取了国家二级心理咨询师、创办了6Q教育，从事家庭教育研究与传播20多年，我才知道，人们要想摆脱原生家庭对自己的负面影响，需要付出很多努力，要积极收集原生家庭里的美好画面，通过反复地回顾、重现、内化，才能做到真正释怀、消除隔阂，重新拥抱自己的父母。母亲的做法，无疑是十分智慧的。

真情回放

从古至今，父亲的形象总是伟大而生动的。在经济支撑上，父亲是家里的主要劳动力，是家里的顶梁柱；在家庭教育中，勤劳付出、意志坚强的父亲也是不可或缺的力量。如果孩子与父亲产生隔阂，应该怎么办呢？

这里，分享智慧妈妈第二件真实的事。

我与父亲产生隔阂

在我的家乡湖南南县，春天还是比较冷的。有时候下了雪，户外温度会降到零下1—2摄氏度，地面的积水会结成一层薄薄的冰。

小时候，我家非常穷，家里只有两双新套鞋（高帮雨靴）。一双由父亲穿着下地干活，一双由二哥穿着去上学。其他家人轮流穿着破旧的解放鞋。解放鞋被哥哥、姐姐穿过之后，轮到我穿时，颜色已经由绿色变成土黄色。

我穿着这旧的解放鞋去上学，一到下雨天，解放鞋就会进水，脚趾浸泡在冷水里，很容易生冻疮，又冷又痛又痒，非常难受。这时，我多么渴望能穿二哥那双新套鞋去上学呀——新套鞋的帮子比较高，冰冷的泥水很难渗透到鞋子里；新套鞋又新又漂亮，我穿着上学，肯定很有面子！

小学四年级的某一天，我没禁住“诱惑”，未经父亲和二哥允许，偷拿了一只新套鞋去上学。父亲发现后，冲到课室里，一边骂我是“南霸天”（电影里的恶霸地主），一边用柳条狠狠打我。

事情发生后，我一想起父亲，脑海里就浮现他在课室打我的画面。正是这样痛苦的记忆，让我与父亲有了隔阂，虽然有时候我和父亲物理的距离很近，但心灵的距离却很遥远。

后来，我读大学、出来工作，和父亲还是无法亲近。我发现，我可以孝敬父亲但不能亲近父亲——我可以给他买东西，可以给他足够的钱，但我不敢把心里话说给他听。

小时候被父亲打，我知道是自己年少无知犯了错，但父亲在情绪激动时做出不理智的行为，也同样有责任。因为心有芥蒂，我与父亲不能开诚布公地谈话，既不能向他承认错误，也不敢指出他的过失。就这样，我对父亲的负面情绪一直积压在心里。

2008 年，我 37 岁时，学习了“原生家庭”的相关课程。我才发现，我与父亲不能亲近、不能进行心灵对话的根本原因，是父亲打我这件事在我幼小的心灵埋下了这样的想法：父亲打我，他不爱我。

在孩子小时候，会认为父母是神一样的存在——他们无所不能、无所不知，他们说的话、做的事，子女深信不疑。在和谐健康的原生家庭里，孩子会从父母身上得到更多正能量的滋养；而在不健康的原生家庭里，父母的很多行为和观点都会伤害孩子，比如父母对孩子的负面评价、父母对孩子的情绪化行为，会让孩子否定自己、责怪自己。当这些孩子成年后，如果不能及时转化与疗愈原生家庭的伤害，他们很容易失去自信心和意志力，不仅影响他们的事业，也会影响他们婚后家庭的生活。

为了疗愈原生家庭的伤害，我要把负能量转化为正能量。我很感谢母亲，当时，我被父亲打了以后，母亲始终保持冷静与克制，没有和父亲大吵大闹，而是告诉父亲：“孩子不要去打，有话好好说，响鼓不要重锤。”

为了增加对父亲的好印象，我向母亲求助：“妈妈，你能不能帮我回忆一下爸爸好的方面，这样我可以用好的回忆去稀释那些不好的回忆。”

幸运的是，母亲一连讲了父亲的 5 段正面图像，很自然地用美好的画面化解了我与父亲的隔阂。

母亲用美好画面化解我与父亲的隔阂

第一段正面图像：父亲忘我劳作

母亲让我回忆起，小时候家里吃饭，总要等一家七口人都到齐才能吃。

有一次吃晚饭前，母亲对我说："良妹子，去叫你爸爸回来吃饭。"

我马上跑到田间地头对着父亲叫唤："爸爸，回家吃饭了。"

"知道了，你先回去吧。"父亲一边回答，一边站在菜地边不紧不慢地挥舞锄头，锄翻泥块，然后砸碎。

我叫了一遍就回家去了，可是大家左等右等，还是不见父亲回来。我们几个孩子等得不耐烦了，有的坐在凳子上，有的在家门前平坦的地方眺望，有的守在饭菜前，有的干脆跑到家附近玩。

等了半个小时，不见父亲回来，我又去叫了他一遍。

我发现父亲崇尚慢工出细活、精耕细作，比如种菜要进行翻土、碎土、平整、播种、浇水等多个工序，父亲干得废寝忘食。

在家里，母亲听到我们的肚子饿得"咕咕"叫，看到一双双盯着食物、充满渴望的眼睛，她却说："你们一定要等爸爸回来，哪怕你们再饿，也要等。"

我有些不解，就问母亲："我们这么多人，为什么要等爸爸一个人呀。"

母亲解释道："因为爸爸是家里的主要劳动力，是家里的顶梁柱，只要我们能确定爸爸大概什么时间会回家吃饭，我们就要等他；如果爸爸去比较远的地方，比如去排队碾米、去镇上购物，不确定回来的时间，我们也要把饭菜里最好的一部分留给他。"

在我多次呼唤之后，父亲终于干完了活。他扛着锄头，沿着田埂慢慢往家的方向走，夕阳的余晖将他瘦小的身影照得很长、很长……

父亲终于在天黑之前赶回了家。母亲重新把饭菜热了一遍，全家才开始吃饭。

父亲刚吃完第一碗饭，母亲就说："良妹子，帮爸爸装饭。"我马上给父亲装上新的一碗饭。就这样，一家人边吃饭边聊天，充满了欢乐的气息……

在这段正面图像中，母亲给我传达了这样的信息：父亲是家里不可或缺的重要成员，我们要尊重父亲、关心父亲。

第二段正面图像：父母带我治疗麻疹

母亲让我回忆起，我在两岁的时候得了麻疹，皮肤出现很多红色的斑丘疹，又痒又痛。村里没有医生可以治麻疹，父亲母亲都很着急。最后，父亲决定带我去隔壁乡的医院治麻疹。父亲自己带上了米、菜、油、锅、碗等生活用品，因为当时去乡镇医院看病，病人的生活用品都要自己解决。

父亲用扁担挑着两个箩筐就出发了，一头箩筐让我坐在里面，另一头箩筐装着生活用品。母亲也跟着一路照顾我。

结果，我住院三天，皮肤上的斑丘疹还没有消退，父亲母亲带来的钱和生活用品都用完了。我们只好自行出院，父亲挑着我回家了。

从乡镇医院到家里大概有7里路，父亲挑着我走了2里路，因为天气太热，我们三人就暂时停下来，在路边一棵大树下休息。父亲一边用斗笠扇风，一边擦掉自己额头上的汗珠。母亲就检查箩筐周边的衣服有没有包裹好，听村里人说，孩子得了麻疹是不能吹风的，所以箩筐必须用衣服围得"密不透风"。

过了一会儿，有两位去镇上购物的妇女经过，她们有四十多岁，手里挽着包裹。

一位妇女问："这孩子怎么了？"

父亲说："孩子得了麻疹，乡镇医院没治好，正愁着去哪里治呢。"

另一个妇女把箩筐周围的衣服解开，笑着说："哟，好漂亮的小男孩呀。你们赶快去找赤脚医生黄医生（化名），他治麻疹是最厉害的。我们村的小孩得了麻疹都去找他。"

父母带我去治疗麻疹

父亲母亲一听说有个医生能治麻疹，马上问明了详细地址和路线。

下午时分，仍旧烈日炎炎、草木蔫垂，父亲顾不上休息，又挑起箩筐赶路。母亲在后面紧紧跟随。

父亲母亲走呀走，一直走到晚上，走了有二十多里的路，边走边找，终于到达黄医生家里。医生给我检查之后，平静地说："孩子没事的，这种麻疹可以治，等下吃几包中药，再搽点外用药，就好了。"

听到医生这么说，父亲母亲终于放心了。父亲坐在我旁边协助医生给我内服、外搽几种中药，我顿时感觉整个身体特别凉爽，那些红色的麻疹也渐渐消退下去。不久后，父亲在医生家的一个角落疲惫不堪地睡着了。

在这段正面图像中，母亲给我传达了这样的信息：父亲其实是很爱我的，如果当年父亲没有用箩筐挑着我去乡镇里的医院和赤脚医生家治疗，后果不堪设想。我深刻感受到了父亲的伟大和对我的付出，当时他挑着我和生活用品走了这么远的路，不仅身体累，心里也很累，因为他不知道到底去哪里能治好我的病，他的心一直悬在半空。等母亲讲完这段正面图像后，我对父亲的印象又好转了一些。

第三段正面图像：父亲挑我和弟弟去上学

我童年时在家乡优美的自然环境中开心自由、无忧无虑地成长，但上学后，我遇到了一个问题。

我小时候，家里既没有好雨靴，也没有好雨伞。下雨的时候，我和弟弟上学是个大问题。为此，父亲想出了一个好办法。

有一天早上，上学的时间到了，可是空中乌云翻滚、电闪雷鸣。不久后，豆大的雨点从空中疯狂砸下来，雨点在房顶的稻草上砸出水花，在屋后的竹林上翻起水雾，雨声风声合奏出一曲疯狂的“交响乐”。

当时我和弟弟刚上小学，我们两个望着门外白茫茫的雨幕，十分担心上学的路途，没有遮风挡雨的东西，我们走路上学衣服肯定会被雨淋湿。

正在我们担心的时候，父亲“闪亮登场”，只见他披着蓑衣、戴着斗笠、

父亲挑我和弟弟去上学

挑着两个箩筐，走进房间来，高兴地说："孩子们，去上学啰。"

我和弟弟马上欢欢喜喜地背起布书包，钻到箩筐里，并戴好斗笠。

一切准备就绪，父亲挑着箩筐冲进雨幕，双脚踩着泥泞的小路，发出"唰唰唰"的声响。箩筐里一头是我，另一头是我弟弟，雨点斜打到我们头上的斗笠，发出"啪啪啪"的响声。

到了学校，父亲把箩筐放在教室门口，我们直接走进教室，一路上我们的脚都没着地，我们的鞋子和衣服也都没湿。

到了放学的时候，父亲又挑着箩筐来学校，把我们挑回家。

下雨时，我们享受着很多小孩所没有的"幸福待遇"，很多同学都是自己披着一张塑料薄膜上学和放学，全身的衣服被雨淋湿了，只能忍受着。每到下雨天，同学们看到我父亲挑着箩筐来学校接我和弟弟时，都向我们投来"羡慕嫉妒"的目光。

在这段正面图像中，我母亲给我传达了这样的信息：父亲虽然不善于表达自己的感情，但他是爱我的，他爱我的方式，就是行动。

在"高 EQ 智慧父母"一阶课程中，我总结了东方人传递爱的六种方式：

（1）肯定的言语　（2）务实的行动　（3）珍惜地相处

（4）精心的礼物　（5）身体的接触　（6）爱重他人

现在回想起来，父亲一直对我进行爱的传递：在雨天，他原本不用外出干活，可以在家里好好休息，可他并没有休息，而是成为我们上学路上的"守护神"。没有条件，他就创造条件，把蓑衣、斗笠、箩筐组合起来，打造接送我们上学的温暖"专车"。父亲在雨中、在家校之间来回穿梭，默默进行着爱的传递。当母亲跟我说到这段正面图像时，我感觉到父亲非常爱我，他的爱不在言语间，而在行动上。其实，他为我们付出了很多……

第四段正面图像：父亲为我们筹学费

母亲跟我讲，在我小时候，家里的几个孩子读书，需要很多学费。

为了让我们顺利上学，我母亲开始养母猪，母猪养大后，每次会产下8—12头猪崽。我们家要在开学之前把猪仔顺利卖掉，这样学费才有着落。

有一年寒假，快到开学的日子了，父亲看到猪仔长得差不多了，开始盘算着去哪里能卖个好价钱。

根据老一辈的经验，猪仔长到20斤左右就要及时卖掉或者分栏喂养，如果继续与母猪同栏喂养，需要投入更多的饲料，猪仔也不怎么长了，很不值得。

有一天，天空放晴，万里无云，正是出门卖猪仔的好日子。

父亲找来两个箩筐，每个箩筐装进三头猪仔，重量一共有60斤左右，两个箩筐加在一起约有120斤重。我父亲用扁担串起箩筐，把6头猪仔挑起来，再背上20斤左右的饲料，用于在路上喂猪仔。

就这样，父亲挑着140斤左右的重物出发了。从前，父亲都是在湖南南县的乡镇集市上卖猪仔，但他听一起卖猪仔的村民说，在湖北公安县的某镇，猪仔可以卖贵一点。于是，父亲就和那个村民挑着猪仔，一路向北，大约走了80里路，从湖南境内走到了湖北境内。

没想到，湖北当地的集市里，也有很多人在卖猪仔，“物以多为贱”，父亲和那个村民降低价格卖了两天，都没有把猪仔卖出去。

猪仔卖不出去，孩子的学费怎么办？父亲心急如焚，就四处打听，又听说湖北的另外一个集市上卖猪仔的人不多。

我父亲和那个村民听到这个消息后，又挑着猪仔走了约40里路才到达那个集市。父亲一连去两个集市，徒步走了约120里。幸运的是，父亲和那个村民最后都顺利把猪仔卖掉了。

回来的时候，那个村民选择坐船回家，而父亲为了省点钱，还是选择走路回家。父亲解释说，买船票要花5毛钱，他舍不得。为了省下这5毛钱的路费，父亲又走了约120里路才回到家。

在这段正面图像中，母亲给我传达了这样的信息：父亲为家里付出了很多，当年他卖猪仔为我们筹学费时，挑着约 120 斤重的猪仔走了很远的路，最后回家时连 5 毛钱的船票都舍不得买，硬是走了回来。

记得有一次大学放暑假了，我回家做家务。我当时 20 岁左右，可以说是身强力壮。我挑着稻谷去村里的碾米房碾米，那担米约有 100 斤重，我才走了 300 米不到就觉得肩膀痛得要命，好像有一把刀要把整个肩膀削下来一样。挑米去碾米房的路上，我放下来休息了好多次，挑回来时又休息了好多次。

现在想想，父亲真是太了不起了，为了筹集我们的学费，他像是一个永远不会累的“挑山工”，挑着重担勇往直前。他全身肯定酸痛不已，但他却坚强地克服了所有困难。在这段图像里，我看到了父亲坚强的意志、对孩子深沉的爱，以及父亲内心强烈的渴望——他把一分一厘都省下来，作为我们的学费，希望我们能通过读书改变命运。

后来，我创办了6Q教育，开始探索人们内心的渴望。在“高EQ智慧父母”二阶课程中，我们研发出了《宝山探索“√”模型图》。通过六层探索，我们发现，每个人的行为背后，都有着强烈的渴望。

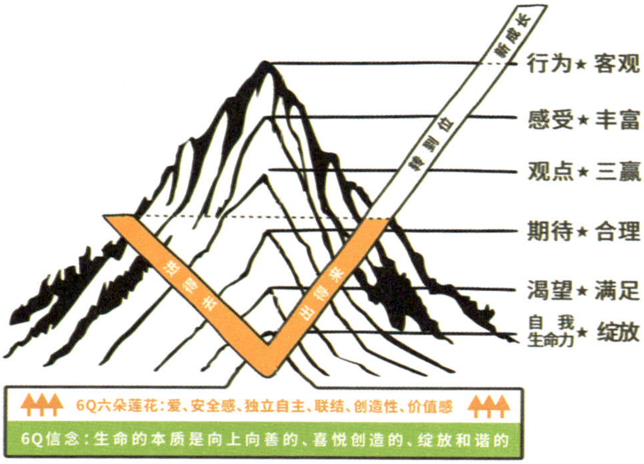

智慧导图：《宝山探索“√”模型图》

解释："宝山"是个隐喻，指每个人丰富的内心世界，每个人都有自己的"宝山"，认识自己的"宝山"，理解他人的"宝山"，我们的人生就能改变。宝山探索有六个层次，第一层探索：行为★客观——人们能被看到或听到的外在言行信息。第二层探索：感受★丰富——人们的喜悦、兴奋、愤怒、担心、恐惧、悲伤等情绪感受。第三层探索：观点★三赢——即人的信念、思考、想法、价值观等。第四层探索：期待★合理——对自己、对他人的期待，以及来自他人的期待。第五层探索：渴望★满足——爱、接纳、归属、独立、自由、尊严、安全感等。第六层探索：生命力★绽放——性格、生命力。上面四层的行为、感受、观点、期待都是个人层面的，每个人都有所不同。下面两层之一的渴望，是所有人类层面的，每个人都渴望被爱、被看见、被理解；下面两层之一的生命力，是属于生命层面的，所有生命的本质都是相同的，即向上向善的、喜悦创造的、绽放和谐的。

在父亲卖猪仔筹学费的故事中，我通过层层探索，发现父亲不舍得花钱的行为，是渴望被家人爱戴的、是贡献付出的。

第五段正面图像：父亲驼背了

母亲跟我讲，父亲年轻时五官端正，体态很好。父亲原来的身高是163厘米左右，体重有110多斤。到了70岁以后，父亲慢慢有些驼背，后来发展到上半身基本与地面平行，身高也不到1.5米了。

母亲给我讲了其中的原因。

有一年，我家庄稼的收成不好，但是国家要求的公粮还是要如数上缴。父亲把公粮交完后，家里的存粮就很少了，等到过年的时候，家里已经没米下锅了。

我家有七口人，分别是父亲、母亲、大姐、大哥、二哥、我和弟弟。七口之家过年时没饭吃，父亲作为一家之主，心里特别难受。于是，父亲就去他姐姐（即我姑妈）家借粮食。

当时，我姑妈家在农场里，家庭情况比我家要好一点，她们除了能全家吃饱外，粮食还有些盈余。

那天，父亲挑着两个空箩筐，走了 90 多里的小路才走到我姑妈家。

我姑妈一听说大过年的我家没有东西吃了，就发动亲戚无偿支援我们。很快，有人送来了大米，有人送来了糍粑，有人送来了青菜，有人送来了鱼干，有人送来了腊肉，还有人送来了鸡蛋……

父亲乐得合不拢嘴，一边接收亲戚们送来的食物，一边表示感谢。当时，父亲可以说是“来者不拒”，不管人家送什么他都要。最后那两个箩筐装满了食物，足足有 130 多斤重。

想着家人正焦急地等着粮食过年，父亲挑着这 130 多斤的食物，快速往家赶。由于走得比较急，父亲挑着沉甸甸的食物跨越沟渠时，扭伤了腰，但父亲依然强忍着痛苦，继续挑着食物回家。

最后，在离家只有 5 里路的时候，父亲实在挑不动了，只好坐在路边休息。当时，有个邻居去镇上购物回来，发现父亲坐在路边愁容满面，那个邻居在了解情况后自告奋勇，帮助我父亲把食物挑了回来。

日落时分，那个邻居走在前面，我父亲慢慢走在后面，一直走到家里。我们有这么多食物过年，全家人都兴高采烈，很快，袅袅的炊烟又升起来了，香喷喷的饭菜又摆上桌了，父亲和母亲脸上的微笑又回来了……

在这段正面图像中，母亲给我传达了这样的信息：父亲为了家人的生计，作出了很大牺牲。他为了这个家伤了腰、驼了背，以自己的身体健康为代价，换取了全家人生存下来的机会。

母亲跟我讲完父亲这 5 段正面图像之后，我突然觉得，我被父亲打的那点痛苦，跟父亲所承受的痛苦比起来相差甚远，就逐渐释怀了。

每次我想到父亲，难免想起他打我的画面，于是我立刻回想这 5 段正面图像。慢慢地，在我脑海里，父亲的正面图像越来越大、越来越清晰，负面图像越来越小、越来越模糊，这就是用正面图像稀释负面图像的效果。

感恩影响

在智慧妈妈的帮助下，为了恢复与父亲的亲近关系，我除了用正面图像稀释负面图像之外，还做了另外一件事，那就是：通过转念，重新接纳自己、接纳他人。事实证明，当我们自身的正能量提升时，我们的人生就会充满阳光。

消解原生家庭伤痛的“四个转念”

第一个转念：聆听自我，包容他人

聆听自我，就是用心去聆听自己的心声；包容他人，就是要包容他人的一些行为与观点。

父亲打我之后，我多次聆听自己内心的困惑：我还需要与父亲重新建立情感的连接吗？我还需要与父亲恢复良好的亲子关系吗？这时，我的内心深处会给我反馈一个声音：父亲是我的亲人，我和父亲是父子关系，这些事实都不会改变，所以我要主动修补与父亲的关系，从被动接受者变成主动创造者。修补的第一步，就是要包容他人，也就是要包容父亲的过失与错误，我可以不接纳他对我的某个行为，但要看到他好的出发点，同时接纳他这个人。

第二个转念：思考被打的原因

接纳自己，就是主动悦纳自己、治愈自己，接受自己身上的优点与缺点、优势与不足等。接纳他人，就是主动认同和接纳他人的天生气质、优缺点、情绪商数等。

当年，我拿走了一只鞋子，给二哥留了一只鞋子，表面上是公平了，但是大家都穿不了鞋。估计那时候，父亲是被我这样的“操作”给气坏了。

后来，我总结了当时被打的原因，是我没有事先跟父亲沟通商量就自作主张，给二哥和父亲带来了很大的困扰。被打的事实已经发生，我只能接纳我自己，甚至可以转化为欣赏我自己。在这件事情发生之后，我也获得了成长，我学会了从追求“绝对公平”转为追求“相对公平”，也明白了“平等”不等于“相等”，从“都是他的错”转为“我自己也有一定责任”。

第三个转念：接纳自己的“骂名”

当时，父亲边打我，边骂我是“南霸天”。我对这个“骂名”感到黯然神伤，怎么想也想不通，为什么父亲要将一个认真听课的小学生与一个电影里的恶霸地主相提并论呢？在父亲的眼里我有这么坏吗？

后来，我通过转念，主动接纳自己的“骂名”。我反复告诉自己，父亲真是太有远见了，他居然能够预测30多年之后的事情，他预测到我在家庭教育行业、应用心理学领域的发展前途，“南霸天”可以解释为——在中国的南方拥有一片心理学实践的新天地。

我这么转念后，接纳了自己的“骂名”，把过往不舒服的负面情绪全部疏导出来。同时，我欣赏了自己，肯定了6Q教育的成绩，自身的正能量越来越多，更能全身心投入事业当中。

后来，我还据此提炼出了6Q四金句：我爱我自己！我欣赏我自己！我接纳我自己！我相信我自己会越来越好！

第四个转念：30年后重新拥抱父亲

经过长时间的反复转念，我和父亲的关系越来越好，我可以与我父亲一起聊天，可以深入地了解他的过去和现状。最后，我想大胆尝试拥抱父亲，向他进行爱的传递，因为我在39岁之前，没有主动抱过父亲。

拥抱的具体过程是这样的。

2010 年 2 月春节期间，我在广州有了重要心理突破——拥抱母亲（当时我父亲在湖南老家）。在拥抱母亲之后，我决定尝试去拥抱父亲，但是没有成功。我感觉很不自然、很不习惯，有时我都伸出双手了，但发现父亲转过身来，我又把手收了回去。

我回到湖南南县老家后，便高质量地陪伴父亲和母亲两个老人家，不再像以前那样约上同学去县城聚餐了。

我几乎哪里都不去，从早到晚一直陪着父亲和母亲。我跟父亲和母亲一起择菜、洗菜、炒菜，一起做饭吃。吃完了以后，我就洗碗、然后再打热水给他们洗脚。

拥抱父亲之前，我先要亲近父亲。于是，父亲出去挖芋头，我就跟着他去挖芋头。父亲出去收绿豆，我就跟着他去收绿豆。我一直在找机会亲近父亲，然后拥抱他。

到了夜深人静时，我还像以前那样撒娇说："今晚，我要跟谁睡？"逗得父亲母亲开怀大笑。

父亲母亲的房间里有两张床，如果他们睡不着，我就躺在另一张床上和他们聊天，聊着聊着，他们就睡着了。而我睡觉时还要保持半睡半醒的状态，如果他们很早醒来，我便和他们继续聊天，一直聊到天亮。

有一天，母亲凌晨 3 点就醒了。我马上给她披上衣服，然后坐在床头跟她聊天，从我们小时候的事情聊到我现在的工作、孩子的学习情况等。

为了给最终的拥抱营造更好的情感基础，我在高质量地陪伴父亲母亲之后，又对他们进行高质量的聆听。

以前，我没有耐心听父亲、母亲讲话，而现在，有些话即便我听过了 20 多遍，也当作第一次听一样专注。在听他们讲话时，我会蹲下来，专心地聆听，还会保持强烈的好奇心。

聊了一会儿，父亲也醒了，我抓住机会伸出双手对父亲说："爸爸，我要抱抱你。"

没想到，父亲一转身巧妙地躲开了，很明显他不愿让我抱。当时，父亲已经驼背了，上半身与地面基本平行，拥抱可能有些困难。

父亲看了看母亲，又看了看我，然后平静地说："你想抱我，就从后面抱吧。"

于是，我站起来从父亲背后抱住他佝偻的身躯。我仔细端详着父亲弯折成近似直角的腰背，感受着他那年迈瘦弱的身体，我的脑海里快速闪过一帧帧画面：父亲忘我劳作、带我去治麻疹、挑我和弟弟去上学、步行跨省卖猪仔为我们筹学费……曾经一个身材匀称、开朗健壮的年轻人，在生活的重压之下、在长期的心灵煎熬之下，慢慢变老、变驼背，最后他的腰杆再也直不起来了。

我抱着、想着，眼泪不知不觉地流了出来……

父亲为了这个家辛苦了一辈子，付出了自己的全部身心，虽然他的腰直不起来了，但他在我们几个孩子心目中的形象永远是高大伟岸的。"父爱如山，让人仰止"，此刻，我真正感受到了这句话的深刻内涵。

自从我拥抱了父亲之后，我和父亲的关系越来越融洽了，与父母心灵的距离越来越近了。在家族亲人相聚的日子里，我不仅拥抱了母亲父亲，还拥抱了岳父岳母。我的这些举动，还影响了侄子、侄女、外甥、外甥女等晚辈们，积极主动去拥抱爷爷奶奶、外公外婆，让我们的人生少留遗憾。

智慧行动

我被父亲打这件事，可以延伸到家庭暴力的防治问题，家庭暴力会严重伤害家庭成员，除了法律的保障，我们还需要更多日常保护。

父母如何处理家庭暴力？

6 岁的小俊（化名）放学回家后，发现阳台上有一壶用来浇花的脏水，由于很渴，他就拿起脏水喝了一口。

小俊的父亲发现后，直接扇了小俊一巴掌。小俊倒在地上，他的父亲继续拿皮带抽打他，边打边说："这就是你喝脏水、不讲卫生的后果！"

午饭过后，小俊又拿冰箱里的冰水喝。他父亲发现后，拿起手边的擀面杖对他进行殴打，边打边说："跟你说过多少次，刚吃完饭不能马上喝冰水！"结果，小俊被打晕了，他的父亲赶紧把他送到医院去。

医生经过诊断，发现小俊已经死亡，而且身上有多处伤痕，于是果断报警。警察很快将小俊的父亲抓获。最后，小俊的父亲承认了殴打孩子的暴力行为，受到法律的严惩。小俊的父亲悔恨地说："我现在后悔万分，恨不得把自己打死给儿子偿命，我很爱儿子，儿子非常可爱，但是我的教育不当，失手打死了孩子……"

案例中，小俊的父亲是爱小俊的，他打小俊是因为小俊喝脏水、饭后立刻喝冰水，这些行为背后的深层渴望也是为了小俊的身体健康，但他的教育方法、沟通方式和表达爱的方式都不恰当，最终酿成了悲剧。

当家庭成员之间出现身体、精神等侵害行为时，父母可以这样处理：

第一，父母自我觉察，不做施暴者

正所谓："当局者迷，旁观者清。"自我觉察，就是父母要从当局者的身份中暂时分离出来，以旁观者的身份重新反省与思考自己的行为、情绪、想法、期待、渴望、生命力等方面的状况。

如果父母发现负面情绪来了，就要及时进行"我状况"表达，也就是客观描述孩子的行为对父母有什么影响、父母有什么感受。父母要及时用语言表达出来，而不是靠打骂行为来发泄负面情绪。如果父母能及时进行自我觉察，就不会轻易被自己的情绪所绑架，不会做侵害者。

第二，亲子之间要进行高情商沟通

据研究，家庭暴力的前奏是家庭冲突，家庭冲突的前奏是情感冲突。高EQ智慧父母与高EQ智慧孩子，一遇到情感冲突，就会通过聆听自己与对方、欣赏自己与对方、承担自己的责任并激发自主改变等双赢沟通方法，把冲突化为成长的机会。这样，在情感层面就把冲突解决了，后面就不会发展成为家庭冲突和家庭暴力这两个层面。

家庭教育也需要进行专业学习，父母需要持续地学习亲子沟通的方法。6Q团队总结出了亲子沟通的四种状态：

（1）不“沟”而通：父母与孩子不用沟通，就能达成共识，配合默契。

（2）一“沟”就通：父母与孩子沟通了，情感互通互连，形成共识。

（3）“沟”了不通：父母与孩子沟通了，但是不畅通，没有形成共识。

（4）不“沟”不通：父母与孩子从不沟通，常常关了房门、关了心门。

我希望，父母通过持续学习修，提高自己的知识储备与情商智慧，针对孩子不同的年龄、性别、兴趣爱好和性格特点等，采用不同的方式进行沟通，与孩子能够实现一“沟”就通或者不“沟”而通。一般来说，如果父母情绪化，孩子往往也会情绪化；如果父母情商高，孩子情商往往也高。

第三，触及安全底线，要及时制止

有些父母认为打骂孩子没有什么大不了的事，其实打骂是一种家庭暴力。我认为父母打孩子其实是用自己的体力来弥补自己智慧的不足，而骂孩子是用自己的智商来弥补自己情商的不足。打骂孩子是父母自己没有更好的方法了、黔驴技穷了。这正是提醒父母要学习，要提高情商智慧了。

如果发现家庭成员之间正在实施家庭暴力，并触及安全底线，要及时制止。如果制止不了，比如丈夫喝醉酒后经常打妻子、打孩子，受害人可以向所在村民委员会（居民委员会）、妇女联合会及工作单位报告，请求他们劝阻侵害者停止侵害。如果劝阻无果，侵害者继续实施家庭暴力，受害人可以向公安司法机关提出请求，依照相关法律法规对侵害者进行处罚，防止伤害的再次发生。

第四，父母要有改变自己的勇气

父母如果像小俊的父亲那样，在负面情绪的裹挟下实施家庭暴力，就要有勇气承担自己的责任、有勇气改变自己，违法了，就要接受法律的制裁；孩子身心受伤了，父母就要学会用美好画面去化解孩子的痛苦记忆、用自己正面的图像去稀释孩子心目中的负面图像。

父母过去打孩子的事实，是不可能改变的，父母能改变的只有自己，要努力改变自己的沟通方式、教养方式和生活环境等，不要随意侵害孩子的身心。孩子长大了，也可以主动学习与转化。我父亲打我一次，我就要花大量的时间和精力去化解心中的负面情绪。如果父母通过长时间的学习努力还是改变不了自己，就有必要主动向心理专业人士求助。

6四 案例

孩子网瘾严重，父母怎么办？

茹雪（化名）是一名初二的女生，她的学习成绩比较好，父母对她的学习从来不担心，也不用怎么辅导。

但不知什么从时候起，茹雪喜欢上了玩游戏，她在做作业的时候，趁父母不注意就偷偷在手机上玩游戏，还拿作业本做掩护。茹雪的母亲发现后，收走了她的手机。结果，她开始在电脑上玩游戏，那些游戏就是可以跟网友一起联机玩的地图游戏、模拟人生等。

以前，茹雪一个小时左右就可以做完所有作业，自从茹雪陷入网瘾之后，周末两天都完不成作业，学习成绩下滑得很厉害。老师不时打电话来投诉，说她原本学习成绩很好，现在却拖了全班的后腿。

一个周末，茹雪母亲回家看见茹雪正在玩电脑游戏，根本没有做作业，母亲气急败坏，直接拔了网线，还动手打了孩子一顿。

茹雪哭着说："妈妈，你居然打我。"说完，茹雪就冲出门去。

母亲想叫住她："你要去哪里？给我回来！"

茹雪头也不回，丢下一句："家里没有网，我就去网吧打游戏。"

孩子网瘾严重，离家出走怎么办？这正是考验父母情商智慧和意志力的时刻。

我在做个案辅导时，就收到很多父母关于此类问题的咨询，如孩子沉迷网络、电子游戏、刷短视频等，手机不离手。这个时候，父母需要靠智慧和坚韧不拔的精神，温和而坚持地改变孩子的不良习惯，才能顺利渡过难关。

第一，父母转念，给孩子补充心灵营养

孩子沉迷电子产品，陷入网瘾，不分昼夜玩电子游戏，问题反反复复，引发一系列的亲子冲突，让很多父母疲于应对、心力交瘁。

试想一下，作为父母，在外面辛辛苦苦工作，回到家却看到孩子刷手机、玩电脑，心思根本不在学习上，作业可以不做，饭可以不吃，门可以不出，甚至觉也可以不睡，难免揪心、无奈、愤怒。有些心直口快的父母多说孩子两句，或采取一些强制手段，孩子就会进房锁门或者离家出走……

父母一肚子的窝囊气、无力感与挫败感，最后发展到断网、断电，与手机、电脑抢孩子。

其实，孩子根本不用"抢"，父母要学会转念，从孩子的角度去看"网瘾"，及时给孩子补充"心灵营养"。

身体营养包括：碳水化合物（糖类）、油脂、蛋白质、维生素、水和无机盐（矿物质）六大营养素。心灵营养包括：爱、欣赏、接纳、允许、享受和相

信六大营养素。

一般来说，陷入网瘾的孩子在游戏中能放松身心、能体验成功的喜悦感，还可以在伙伴面前炫耀，这是父母在亲子沟通中所缺少的、所忽视的地方。而虚拟游戏、电子产品正好满足了孩子的这些需求，所以孩子乐此不疲。

父母要给孩子补充心灵营养，对孩子进行心灵的滋养，这才是帮孩子改掉网瘾的关键。

父母要在亲子沟通中，不断表达对孩子的爱，及时欣赏孩子、接纳孩子，允许孩子做自己喜欢的事情，学会享受与分享彼此的成长，要相信孩子可以做得更好。

正常情况下，孩子在父母温和而持续地补充心灵营养之后，孩子的生命状态会变得安定、平和、自然。如果孩子愿意跟父母沟通交流，愿意向父母求助，那么孩子网瘾、厌学、早恋、孤僻、自卑等问题就能被早发现、早预防。

故事中，茹雪的母亲平常没有补充心灵营养，等到发现孩子陷入网瘾、影响学习成绩之后，才实施“断网”行动，结果亲子之间爆发激烈冲突。

第二，召开家庭会议，共同管理手机

高情商智慧的父母，通过给孩子补充心灵营养，协助孩子树立愿景与目标，这样，孩子就会把网络变成对自己成长有利的工具。如果孩子掌控力加强，偶尔玩一下游戏的话，那么父母应该欣赏孩子自控能力强、懂得劳逸结合。

如果父母发现孩子有陷入网瘾的苗头，不要简单粗暴地处理，而应该组织家庭成员（包括孩子在内）召开家庭会议，大家商议如何管理手机，形成一些共同的约定，如在什么条件、什么时候、什么地方大家可以刷手机、玩游戏，父母与孩子都要严格执行，共同做好对身边的手机管理。特别注意，要少些完美主义的两极思维，多些精益求精的递进思维。

召开家庭会议要在关爱、民主、自由、尊重、三赢的基础上进行沟通，并且考虑周全、达成各方多赢，之后不断在此基础上微调，精益求精，需要注意的是父母和孩子一起管理手机，而不是父母管理孩子。比如，到了晚上 9

点，孩子负责把所有人的手机收起来，断网、关机，然后在睡前半个小时开展亲子阅读等健康有益的活动。

第三，温和而坚持地表达“我状况”

故事中，茹雪离家出走时说自己去网吧玩游戏。这种情况是父母知道孩子去了具体的地方，但是那些地方并不安全。于是，我给茹雪的父母支招，每隔5分钟给孩子发一次信息，通过温和而持续地表达“我状况”，让孩子重新与父母建立正常的连接，等孩子回家后及时给孩子补充心灵营养和召开家庭会议。

于是，茹雪的母亲编辑发送了微信:“孩子，今天妈妈在家里断网你就到网吧玩游戏，妈妈做得不对请你原谅，我很担心你在网吧一天都没吃没喝的，在网吧玩游戏一定要保护好自己，玩够了就回家，妈妈给你做好吃的。始终爱你的妈妈。”

当天，茹雪在网吧玩了一天的游戏，又累又饿地回家。茹雪的母亲给她准备了丰盛的晚餐，并不断给孩子补充心灵营养，欣赏她在外面能够照顾好自己并能安全回家，接纳她有个性、懂得劳逸结合。

茹雪吃完晚饭后，对母亲的抵触情绪已经消失了一半。等到爸爸回来后，全家人召开了一次家庭会议，围绕如何管理手机、管理电脑、安排游戏娱乐活动、安排做作业与复习功课、安排睡前整理书包等话题，大家各抒己见、畅所欲言。一场民主自由快乐的家庭会议开下来，茹雪对母亲的抵触情绪几乎没有了。

之后的日子里，茹雪的父母积极作出改变，一边持续给孩子补充心灵营养，给孩子更多的爱；一边温和而持续地进行“我状况”表达，让孩子的良知不断升起，学会自驱自律。后来，茹雪的成绩又恢复原来的水平，高中毕业后被保送到重点大学继续深造。

综上：春日里翩翩轻拂的柳条，原本是那么柔美、那么纤弱，但是多年前，在父亲的手中，这些柳条突然变成了一扎柳枝，变成了打我的工具。这件事让我和父亲产生了隔阂。长期以来，我们的关系若即若离，我虽能尽孝但不能亲近他，更不能向父亲敞开心扉。在智慧妈妈的帮助下，我持续用5段正面图像去稀释父亲的1段负面图像，同时还用4个转念进行自我治愈、自我赋能。终于，在30年之后，我又重新拥抱了父亲。在抱住父亲的瞬间，我把对父亲深沉的爱传递了出去，同时也感受到了父亲无私的爱。我十分感谢母亲，她帮助我回忆父亲的好，帮助我进行转念，帮助我一步一步地进行突破训练，最终让我和父亲实现了“心灵的和解”……

★鸡蛋从外面打破是食物，从里面打破是生命。

★即使有 99% 的证据，也不能下 100% 的结论。

★孩子的人身安全和心理健康比事情的对错更重要。

第3件事

我捡回一把小铲子

——妈妈用共情引导我改变

导语：拥有共情力的人，可以设身处地、将心比心地感受和理解他人的情绪。童年的某一天，我在田间捡回一把小铲子，母亲高度警觉起来，把这件事当作一次教育我的机会。母亲告诉我，小铲子的主人不是我，即使我捡回来了也不是我的。接着她引导我替别人着想，培养我的共情能力，积极鼓励和欣赏我主动把东西放回原处。如果孩子未经允许拿了别人的东西，父母不要轻易下结论，不能冤枉孩子“偷东西”。因为父母是孩子的榜样，父母的一言一行，都会影响孩子的情绪走向与心智发展。即使有100%的证据证明孩子犯了错，父母也不能纵容或放弃孩子，而是要努力将孩子的不当行为转化为孩子认识自我、改变自我、超越自我的机会……

真情回放

如果父母发现孩子把一些来历不明的东西带回家，该怎么办？是欣赏和鼓励孩子继续这样做，还是立刻制止孩子这种行为？我认为能够制止孩子的父母值得点赞，但是应该怎么制止孩子这种行为，需要认真思考。

孩子小时候，他们的世界观、人生观、价值观都处于可塑阶段，父母需要给予他们正确的引导。因为，孩子拥有正确的“三观”是他们成才、成功的基石。

有时候，孩子偶然发现别人遗失的东西，不捡觉得可惜，捡了又害怕被人说是不当得利，他们的内心也很纠结。这时应该怎么办呢？

这里，分享智慧妈妈第三件真实的事。

母亲告诉我：不是自己的东西不要拿

我的家乡——湖南南县属于洞庭湖区，在碧绿平坦的田地上，扛着犁耙的农民、悠然啃草的水牛，还有汩汩流水的水渠，就是它美丽的风景。实施家庭联产承包责任制后，各家各户都包产到户，农民劳动的积极性很高，干农活时全家一起出动，我家也是如此。

我 11 岁那年，正读小学五年级，一个周末我跟母亲去干农活，我们边干活边聊天，累了就休息，渴了就喝水，饿了就吃准备好的饭菜，吃完继续干。

到了傍晚时分，天边的晚霞将金色的柔光洒到田地里，让无数的庄稼绽放光芒……

母亲对我说：“良妹子，你去收拾工具，我们要回家了。”

我高兴地说：“太好了，可以回家了。”

我沿着田地的边界查看，把铁铲、锄头、镰刀等工具集中起来。这时，我突然发现在田地旁边的路面上有一把小小的木柄铁铲子。小铲子的木柄被人磨得十分光滑、手感很好，小铲子的锋口则被磨得十分锋利。

我把这个小铲子捡起来，爱不释手，于是就兴致勃勃地把它带回家。

回到家，母亲在清点工具时发现多出了一把小铲子，她马上问我："这个铲子是谁家的?"

我说:"是我捡的，不知道是谁家的。"

母亲追问:"在哪里捡的?"

我如实回答:"今天我去收工具时，在田地旁边的路上捡的。"

母亲严肃地说:"不是自己的东西不要拿。你从哪里捡的，就放回哪里去。如果你不放回去，以后这把小铲子被别人认出来，说我们家偷了他们家的东西，我们怎么说得清楚?如果引起不必要的冲突，我们以后就有很多麻烦了。"

我有些不乐意，小声嘀咕:"小铲子是我捡的，又不是偷的，怕什么。别人掉的东西，我捡回来就是我的了。"

母亲很快觉察到我的情绪和想法，于是说:"你想象一下丢东西的人是什

母亲叫我把捡来的铲子还回去

么感受，他们丢了铲子肯定很着急。你赶紧把小铲子放回原来的地方，这样他们能找回丢失的东西，就会很开心。”

我听母亲这么一说，立刻体会到了失主焦急的心情。于是，我赶紧拿上小铲子，把它放回原来的路面上。

同时我也在心里祈祷着：那是谁家的铲子，快来拿回去吧……

在这件事中，我母亲进行了“顾三方”的沟通。首先，她表明自己的立场：不是自己的东西不要拿；接着，她疏导我的情绪，让我设身处地为失主着想，感受他人的焦虑、沮丧、渴望找回失物的心情，让我主动把小铲子还回去；最后，母亲还顾及情境，既然我是悄悄地把小铲子捡回来，就让我也悄悄地把它还回去。这样做有两个好处：一方面，我心里没有了未经允许拿东西的内疚感。另一方面，失主发现小铲子失而复得也会转忧为喜。

智慧导图：《人生方向盘（Y）图形》

解释：通过深入研究，我发现共情能力强的人，都懂得进行“顾三方”的沟通。“顾三方”沟通方法，就是在沟通时要照顾自己、尊重他人、顾及情境。我研发的《人生方向盘（Y）图形》就是协助大家达到我、你、情境三者和谐一致的工具。在沟通之前，我们可以进行“6Q三问答”：第一，我身心灵即6Q越来越和谐了吗？第二，我你互动越来越双赢，我你情境越来越匹配了吗？第三，我的过去、现在与未来越来越连贯了吗？通过扪心自问自省自察，如果自己没有做到，就要学会改变自我，直至实现我、你、情境三者和谐一致。我将路边的一把铲子带回家后，母亲对我进行教育，她既表达了自己的观点，又觉察到我的感受，并还原了丢铲子家庭的情境。当我、你、情境三者和谐一致时，我们就可以进行一致性表达、一致性沟通。

感恩影响

古人有句警示语：“小时偷针，大时偷金。”意思是，有的人小时候偷了一根针，如果不改正毛病，养成了坏习惯，长大后就可能发展为偷金子。

这是在警示父母，要及时纠正孩子的不良习惯，真正做到防微杜渐，要在孩子犯小错误或者坏习惯刚露出苗头时就加以制止，不能放任。孩子出现了小毛病，如果父母置之不理，任由孩子我行我素的话，孩子的“占有欲”就可能会越来越强，长大后甚至可能会做出一些违法犯罪行为。

父母要让孩子明白，自己的东西可以放心拥有，不是自己的东西坚决不能占有。孩子如果不能控制好自己的“占有欲”，长大后容易走上歪门邪道。

孩子“占有欲”太强，怎样教育？

母亲叫我把铲子还回去，一方面，她对于失主，是急人之所急，想人之所想；另一方面，她对于我，是以事喻德，救无心之过。《礼记》有言：“师也者，教之以事而喻诸德者也。”意思是，当老师的以事例教导学生，使他们得到道德上的启发。我觉得，我的母亲就是一位好老师，她通过这件小事，教会我不少道理。

如果孩子的“占有欲”太强，可以借鉴我母亲的方法进行教育。

第一，教孩子站在他人的角度思考

一开始，母亲让我把小铲子送回原处时，我不太乐意，有些犹豫不决。这时，母亲并没有马上命令我、指责我、让我快点去执行，而是耐心引导我，让我试着“成为”失主，想象自己丢了东西是什么感受。我的感受当然是着急了，可见失主也像我一样着急，这就是“同理心”。

我这一想，觉得我的行为给失主带来了焦虑、担忧、沮丧等多种不好的情绪。我越想越过意不去，于是马上把小铲子放回原处。

这就是共情的力量，人们通过身份转换、设身处地、发挥想象等方法，能够站在他人的角度思考问题，能够感受和理解他人的情感。我母亲这么一引导，我的良知就升起来了，归还小铲子的行动也更加积极、主动。

事情发生后，母亲马上行动起来，让我及时把小铲子还回原处，这就是母亲有智慧的地方。她让我把东西还回原处，我在内心原谅了自己，还欣赏了自己的行动力，减少了焦急、担心、内疚等多种负面情绪的困扰。将铲子还回原处时我如释重负，重新恢复了好心情。

第二，不轻易评判孩子“偷东西”

不管证据是否充分，父母都不要轻易下结论说未成年孩子“偷东西”，只能说“未经允许拿东西”。

“偷”和“拿”虽然只是一字之差，但孩子听后却有不同的感受。

如果孩子捡了东西回家，父母立刻说孩子“偷东西”，孩子会感到自己是小偷，会很憋屈、沮丧，有一种被冤枉的感觉。因为孩子认为东西是捡来的，自己不偷不抢，却被父母直接定义为“偷”。这个认知的差异，可能会导致亲子情感冲突。

如果孩子捡了东西回家，父母说孩子是“未经允许拿东西”。这是对事实与行为的客观描述，可以让孩子少一点羞耻感、内疚感，促进孩子良知升起，可以让孩子的心情更平静，更容易作出改变。

在“高EQ智慧父母”一阶课程中，我研发出《亲子沟通四方格》，指出亲子沟通有四个区，分别是亲子冲突区、子女困惑区、父母困惑区、亲子和谐区，处在不同的区间需要用不同的沟通方法。

我捡了小铲子回家，我的行为给母亲带来了困惑，处于“父母困惑区”，

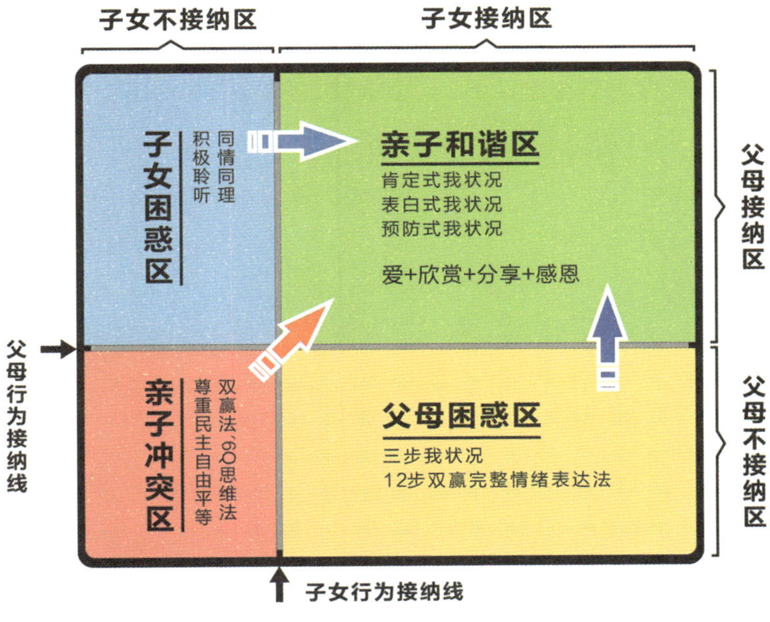

智慧导图:《亲子沟通四方格》

当时母亲并没有说我"偷"铲子，而是问我在哪里捡的，多在行为层面沟通，慢慢引导我放回去。我和她的沟通过程都是愉悦的，并没有什么冲突。

我母亲还教育我要控制好自己的"占有欲"。如果是自己通过辛勤劳动获得的东西，可以放心拥有；如果是别人的东西，即使它再好、再诱人，也不能占有。因为你占有别人的东西、抢夺别人的资源，别人就会反抗你，从而引发一系列的人际冲突。

解释:《亲子沟通四方格》将亲子沟通的状态分为四个区间，不同区间用不同的方法进行沟通。快速分区的口诀是:"谁有情绪谁困惑，都有情绪就冲突，都没情绪就和谐。"在亲子冲突区，采用尊重民主、自由平等、"6Q思维法"进行沟通；在子女困惑区，采用积极聆听、同理同情的沟通方法；在父母困惑区，采用"三步我状况""12步双赢完整情绪表达法"进行沟通；在亲子和谐区，采用"爱+欣赏+分享+感恩"的沟通方法进行"情感存款"。

智慧行动

被诬陷的孩子自杀，说明什么？

古代有个《智子疑邻》的寓言，说的是宋国有一个富人，天下大雨，他家的墙坏了。富人的儿子说:"要是不修筑，一定会有盗贼来偷东西。"邻居家的老公公也这样说。晚上富人家果然丢失了很多东西。结果，那个富人认为自己的儿子很聪明，却怀疑邻居家的老公公偷了他家的东西。

有些人轻易地怀疑、诬陷他人，随意侵犯他人的边界，从来不会考虑后果。被诬陷的人，尤其是未成年孩子，容易因此走极端。

这里，分享一件令人惋惜的事。

某个周末，一名 11 岁的男孩正在家里做作业。

上午 9 点，他母亲跟他说："你自己在家里面做作业，妈妈要带着妹妹出去打预防针。"

男孩说："好吧。可是我午饭吃什么？"

他母亲说："我给你 100 块钱，如果我在中午之前回来，我就做饭给你吃；如果我不能回来，你就拿钱到楼下的小卖部买点东西吃。"

他母亲说完就出门了。

男孩在家做作业，一直做到中午 12 点多，他发现母亲还没有回来，就自己到楼下的小卖部买东西吃。

男孩在楼下的小卖部买了几块巧克力、一包方便面，这些东西加起来大约 10 块钱。

当男孩走出小卖部时，老板突然叫起来："你偷东西，没给钱就把东西拿走了！"

这句话把男孩吓了一跳，他想起自己确实没有付钱。

还没等男孩解释，小卖部的老板就冲出来，把男孩抓了起来。

男孩分辩说："我没有偷东西，我只是忘了带钱。"

老板大喝起来："我才不信你呢，我这里经常丢东西，肯定都是你偷的，你今天必须留在这里直到赔完我的钱。"

男孩一直被老板用手臂控制着，怎么都挣脱不了，吓得直哭。

男孩一边哭一边不停地说："我不是小偷，我只是忘记带钱，我现在回家拿钱可以吗……"

老板越听越生气，斥责他："所有小偷都是这样说的，今天你一定要赔我的钱，你身上没钱就把你家长的电话给我。"

男孩战战兢兢地写下了母亲的电话号码，小卖部老板气急败坏地打电话过去，跟男孩的母亲说明情况。

过了一会儿，男孩的母亲带着女儿匆匆赶来。

男孩的母亲开始跟小卖部老板讲道理："老板，你是不是搞错了，我的孩子不可能偷东西，他成绩很好，也很乖巧，我今天出门前已给他 100 块钱用来买东西的，他应该是来的时候忘记带钱了。我现在把钱补上，你把孩子放了，好不好？"

老板把头一扭说："不行。按我们的规定，只要东西拿出门，没有付钱，就算偷。偷一罚十，你要给我 100 块钱，要不然我就报警了。"

男孩的母亲跟老板解释了很久，围观的人越来越多。男孩的母亲想只付 10 块钱，而老板坚持要他们赔偿 100 块钱。

僵持许久，男孩的母亲担心报警后，会给孩子留下心理阴影。既然小卖部老板不讲道理，她就只能顺着小卖部老板的意思，尽快结束这件事。

男孩的母亲争论到最后，妥协说："算了算了，就算是我孩子偷的，行了吧，给你 100 块钱。"

男孩的母亲说完，气呼呼地把 100 元大钞交给老板。老板这才松开钳住男孩的双手。

没想到的是，男孩在挣脱控制之后，怒气冲冲地瞪了他母亲一眼，疯狂地跑上居民楼顶，纵身跃下……

在这件事情中，小卖部的老板有责任，男孩的母亲也有责任。小卖部老板根据自己的"霸王规定"一口咬定男孩是小偷，还私自控制男孩的人身自由，这已经把男孩吓得半死。男孩的母亲来了之后，说不清理还乱，最后她委曲求全，顺着小卖部老板的话，当自己的孩子偷了东西，又补一刀。就这样，为了这 10 块钱的东西，一个鲜活的生命没了。

这件事以血的教训提醒广大父母要注意三点：

第一，不要随便说孩子“偷东西”

父母作为未成年孩子的监护人，主要监督他们的行为有没有违法违规、有没有安全风险，同时也要保护他们的权益，维护他们的尊严和利益。不过，很多普通父母做的只是“监”，根本没有“护”。

一般来说，高情商智慧父母很容易做到“监”与“护”的统一，做好未成年孩子的最后一道防线。当别人怀疑孩子、冤枉孩子甚至诬陷孩子的时候，智慧父母不会人云亦云，更不会随便说孩子“偷东西”，而只会说孩子可能是未经允许拿了别人的东西。

当全世界都怀疑孩子时，智慧父母也要这样对孩子说：“我们爱你，我们相信你。即使其他人都怀疑你犯错，妈妈（或爸爸）也会一直相信你。”

就算未成年孩子真的犯错了，也没有人能限制他们的人身自由。在这件事中，小卖部老板非法限制一名 11 岁男孩子的人身自由，违法而不自知，还要求别人给他 10 倍价款的赔偿。

遇到此类事情，智慧父母可以先对小卖部老板进行法律常识科普，然后调整好孩子的情绪，带孩子离开现场，回头再来协商处理。

父母如果带着孩子在现场跟别人争论不休，周围的邻居、路过的行人可能会把这件事情添油加醋、以讹传讹，最后事情被传得面目全非。小区里的人、附近的居民、孩子的小伙伴、同学、老师等，都可能因此误会孩子是小偷。这样，孩子的尊严将受到严重伤害，而传播不实信息的人也越来越多。导致孩子到处被人指指点点，不敢出门了，一辈子不敢抬头看人，好像自己额头上被刻了“小偷”两个字。

第二，包容孩子并给改正机会

作为成年人，包括父母和各行各业的劳动者，一定要给孩子更多的包容。当自己的利益受到损害时，很多人都做不到包容别人，甚至会攻击别人。这件事中，小卖部老板就因为 10 元左右的东西，一边以报警威胁，一边要求 10 倍的赔偿，还非法控制孩子，没有包容孩子，也没有给孩子改正的机会，导致孩子失去了尊严，最后孩子连命都没了。

成年人有时候也会犯错误，成年人都懂得原谅自己、重新接纳自己，为什么不能原谅一个未成年人呢？有的成年人看到社会上其他成年人犯了大错，如做了违法乱纪的事情，不敢吱一声，但对未成年人、弱势群体的一点小错误就揪住不放，这难道不是欺软怕硬吗？

父母要允许孩子犯错，要包容孩子的不完美，要创设情境给孩子改正的机会。有的成年人允许自己犯错，却不原谅未成年的孩子犯错，这需要我们所有成年人深刻反思。

第三，不让孩子有太多的负罪感

负罪感是针对良知而言的。良知是王阳明心学的核心理念，可以说良知是天生的、是至善的、是符合天理的，是对自己和外界的良好判断能力。当人做事情违反良知时，心中往往会产生后悔或负罪的情绪。

孩子在犯错时，往往会违反良知，在他们心中已有了一些负罪感。在这种情况下，父母不能落井下石，而应及时减轻孩子的负罪感。

在这件事中，男孩被老板控制时，他也承认自己没给钱就拿东西，心中的负罪感已经很强了。小卖部老板还一个劲地说他是小偷，他的负罪感就更强了。最后，孩子的母亲也妥协了，三种负罪感叠加起来，孩子心中的负罪感达到了顶点，就容易走向极端。

在现实生活中，不仅父母要懂得找资源、找方法维护孩子的尊严，老师在学校里也要加强学习修，懂得维护学生的尊严。

第四，安全比事情对错更重要

当孩子被冤枉时，父母要第一时间坚定地说：“我相信你。”不论是否真的是孩子“偷”了，还是他们自己说出来“偷”的，父母都要第一时间保护孩子。因为未成年的孩子往往不知道被冤枉的严重后果。当孩子被冤枉时，父母第一时间要给他信心，通过聆听让孩子的心情平稳下来，让情感“温度线”下降、“理智线”上升，接着通过欣赏及让孩子自我欣赏，持续提升孩子自身的正能量。只要孩子的心情好了，就更容易处理事情，就能避免被冤枉的孩子走向极端。

所以父母要记住，孩子的人身安全以及孩子的心理健康状况比事情的对错更重要。父母宁可错信孩子十次，也不可冤枉孩子一次。因为无数血淋淋的教训告诉我们，“无缘无故被冤枉”是威胁孩子生命安全的一大隐患，它给孩子带来的伤害实在太大了。

每年社会上都有此类悲剧发生，主要是成年人过于情绪化而情商智慧不够所致。

6Q 案例

孩子未经允许拿东西，包括拿一些玩具、衣物、钱财等，父母不要上纲上线，不要随便用法律法规来恐吓孩子，更不要随便说要报警抓孩子，避免把小问题酿成大事件。

孩子未经允许拿钱，怎么办？

这里分享一个发生在“青少年 6Q 领袖营”里的典型案例。

2021 年 8 月暑假期间，我们正在南方某城市开展“青少年 6Q 领袖营”的训练活动。

“青少年 6Q 领袖营”总共有 6 个营，分别为：SQ 营，主题是“爱与感恩”；IQ 营，主题是“领导与智慧”；EQ 营，主题是“情感与合作”；AQ 营，主题是“愿景与意志”；CQ 营，主题是“创意与创作”；RQ 营，主题是“口才与理财”。

有一天，我在营地里讲课，听说一个导师团长的班里有六七个学员的钱不见了。

我解决这件事的过程是这样的。

当时，我问那个导师团长：“营地里所有学员损失的钱加起来，大概有多少？”

导师团长算了一下说：“可能有700块左右。”

我又问他：“大概是谁干的？”

导师团长面色凝重地说：“我们怀疑是一个男孩子，叫小江（化名），今年12岁，但是我们又没有绝对的证据。”

我继续问他：“你们为什么怀疑他？”

导师团长说：“据我们调查，发现两个可疑情况。第一，这个孩子花钱比较多。第二，我们让酒店保安查看酒店的监控录像时，发现他在上课期间回到过宿舍，并在隔壁宿舍进出几次。可是，我们只看到他在过道的情况，他进宿舍后的情况就看不到了。”

我说：“我们一起化危为机，把这个事情转化为孩子成长的机会。我们要做两件事。第一件事，询问小江的父母，在小江来营地前，有没有给他钱、给了多少钱。第二件事，登记一下，班上哪个学员丢了钱、丢了多少钱。我再去找小卖部的老板了解详细情况……”

案例中，导师团长怀疑12岁的学员小江未经允许拿钱，因为他花钱比较多，监控录像也佐证小江有较为可疑的行为。但导师团长也只是怀疑，并没有确凿的证据，所以不能下定论。下一步该怎么办？

为了圆满解决这件事情，我们运用了6Q的智慧，采用了“聆听、欣赏、我状况”的沟通方式进行解决。主要有四个步骤：

第一，找资源、做调查，了解更多情况

就在我开展调查时，导师团长告诉我一个新情况：“小江说他也丢了100

块钱。”

事情发展到这里，一般人会产生这样的困惑：现在是继续怀疑小江未经允许拿钱呢，还是解除对他的怀疑？他拿钱不可能拿到自己身上吧？

有些人认为，“头号怀疑对象”小江自己也丢钱了，说明事情更复杂了，可能营地里面有多个学员未经允许拿钱，也有可能是小江自己算错账了。

对于 6Q 导师来说，小江丢了 100 块钱，其实是个好机会，更有利于我们深入解决问题。

我们开始找资源、做调查，综合分析各方面的信息。我先打电话给小江的母亲，问她有没有给孩子钱。小江的母亲上过“高 EQ 智慧父母”一阶的课程，她明确告诉我没有给小江钱。另外，小江的母亲还补充了一些信息，她说小江以前有未经允许拿过别人的钱的情况。当时小江的父母都没有上过“高 EQ 智慧父母”的课程，发现小江拿了别人的钱他们就简单粗暴地处理了——把小江打了一顿。后来，小江很长一段时间都没再拿过钱。

我听完后觉得，一个 12 岁的男孩子开始有了自己的交际圈，手上没钱，从某个角度分析是不正常的，这对孩子正常交往与成长不利。

接着，我去营地宿舍附近的小卖部了解情况。

我问小卖部老板：“有没有一个 12 岁左右的男孩子来你这里买很多东西呀？”

小卖部老板说：“确实有个男孩子来我这里买过东西，我对他的印象特别深。一般的孩子都买 20 块左右的东西，可是他不一样，他出手很大方，一买就买一两百块的东西，而且还买了两次。”

我问老板：“你有记录吗？”

老板说：“有。”

于是，老板从电脑里给我打出消费清单。上面清楚记录着，那个男孩子买了好多桶装方便面，两次总共花了 300 多块钱。

第二，自相矛盾法让孩子自己承认错误

虽然我已经了解到很多情况，但是这件事情还得小心处理，因为我相信，小江这个孩子，他生命的本质是向上向善的、喜悦创造的、绽放和谐的。即使有 99% 的证据，都不能下 100% 的结论，只能说孩子未经允许拿钱，而不能说是偷东西。

我下一步采取的办法，就是自相矛盾法，用孩子的“矛”戳穿他自己的“盾”，让孩子主动承认错误，慢慢把这件事转化为孩子成长的机会。

在吃中午饭时，我找到了小江。在酒店的公共区域——酒店大堂，我首先跟小江寒暄了一番，问他最近表现怎么样、学习效果如何。小江都回答“很好”，他的情绪也很平稳。

于是，我就问小江第一个问题：“我听说你丢了 100 块钱，是吗？”

小江说：“是。”

我接着问他：“你丢了 100 块钱，是什么心情呀？是不是很失落、伤心、难过？”

小江说：“是。”

通过巧发问、积极聆听，可以达到两个目的：一是把小江的情绪调整好，让他感觉我没有怀疑他，从而放下戒备心理；二是我通过关心他、欣赏他，让他可以自主做决策、做承诺。

把小江的情绪调整好之后，我又问他：“看着你这么难受，我们要不要把丢失的 100 块钱找回来？”

小江说：“要。”

我说：“我们共同探讨一下，你丢的是不是 100 块钱？”

小江说：“对呀。”

我问：“你总共拿了多少钱来参加领袖营呀？”

小江说：“我拿来 700 块钱。”

这里出现了第一个矛盾点：小江的母亲说没有给他钱，那么这 700 块钱从

哪里来？我听明白了，但是不说破。

我接着问："你现在手里还剩多少钱？"

小江说："我用了 300 块钱，又丢了 100 多块钱，手上还剩 100 块吧。"

这里出现了第二个矛盾点：钱的数目明显不对了。

于是，我装模作样地拿出笔记本给小江算起来，边算边说："你拿来 700 块钱，用掉 300 块，又丢了 100 块钱，700 块钱减去 400 块钱，你手上应该剩 300 块钱左右，可是你现在手里只有 100 块钱。你可能不只丢了 100 块钱，有可能丢了 300 块钱。"

小江急忙说："哦，我记错了。我用了 300 多块，丢了 100 块，还剩下 200 多块钱，加起来刚好是 700 块钱。"

我接着问："哇，这么多钱，是谁给你这 700 块钱呀？"

小江说："是我妈妈给的。"

我好奇地问："你妈妈真的很爱你，一下子就给你这么多钱。你妈妈是在哪里给你钱的呀？"

小江说："她开车送我来到酒店，在我进酒店时给我的。"

这里出现了第三个矛盾点：小江的母亲说没有给他钱，他却编了一个母亲给钱的情景。

于是，我拿出笔记本，把这句话又写下来。

我说："入营那天早上，你妈妈在你进酒店前，给你 700 块钱，5 张 100 元的，1 张 50 元的，还有多张 20 元、10 元、5 元的。是这样的吗？"

小江说："是。"

我说："你的记忆力真好。"

在发问过程中，我一边聆听他，一边欣赏他，让他保持愉悦的心情。

我接着说："我现在打个电话给你妈妈问问，当时你妈妈给你的是 700 块钱，还是 1000 块钱。"

我讲完这句话时，眼看谎言就要被戳破了，小江开始有些尴尬。

没想到，小江的头脑很灵活，他突然叫起来："哦，我记起来了，不是我妈妈给的钱，是我爷爷奶奶给我的。”

我马上说：“哇，你爷爷奶奶真的很爱你。你说说，你爷爷奶奶在什么时候、什么地方给你钱的。”

这正是一个谎言需要无数个谎言去圆。小江发现自己快编不下去了，但他还是硬着头皮继续编故事：“我爷爷奶奶在家里、在我出发的时候给我钱，总共有 700 块钱。”

我跟他再次确认了一遍，又把这些信息记在笔记本上。

我问他：“你再想一想这些钱到底是怎么来的？你爷爷奶奶的电话是多少？我现在打电话去问一下，有可能你丢的钱不止 100 块呢。”

我这么一说，小江更着急了。他马上说：“哦，不是我爷爷奶奶给我的，我是宿舍长，舍友把钱放到我这里保管。”

这里出现了第四个矛盾点：小江原来说钱是爷爷奶奶给的，现在又说是舍友把钱交给他保管的。

我说：“看来你很有领导能力呀。学员们对你很放心，所以把钱统一交给你保管。这样，我登记一下，你宿舍里面有几个学员，他们分别交了多少钱给你保管。”

小江说：“我们宿舍，包括我在内共有 4 个人，小乐（化名）给我 300 多块钱，大牛（化名）给我 200 多块钱，强子（化名）给我 100 多块钱。”

这里出现了第五个矛盾点：小江保管的钱，跟他说从家里拿的钱，数目对不上。

经过我这样反复地发问、记录与计算，小江自相矛盾的地方越来越多，他的谎言已经不攻自破了。

为了进一步了解事情的真相，我对小江说：“这样，我们回到你宿舍问一问那些舍友，他们到底有没有把钱交给你保管，具体交了多少。”

小江若有所思地说：“好吧。”

当我和小江回到宿舍的时候，就看到小乐、大牛、强子三个男孩子正在“哧溜哧溜”地吃着桶装方便面。

我对他们说："同学们，我要向你们了解一件事。"

三个男孩子异口同声地问："什么事？"

当我准备发问的时候，小江马上把那几个学员拉到一边，窃窃私语起来，好像说不要回答我的任何问题，诸如此类。

我也猜到小江在说什么，于是大声说："你们不要商量了，你们说的话我都听见了。"

小江觉得很尴尬、很羞愧，小脸蛋变得越来越红。

我开始问小乐："小乐，你有没有拿钱给小江保管？"

小乐一脸蒙地说："没有呀，我哪有这么多钱呀？！"

我又问大牛："大牛，你有没有拿钱给小江保管？"

大牛笑眯眯地说："钱这个东西，怎么能随便给人保管，我的钱都在我的钱包里。"

我又问强子："强子，你有没有拿钱给小江保管？"

强子说："有。我昨天晚上把 20 块钱交给小江保管，不过今天早上我又拿回来去小卖部买东西了。"

于是，我大声说："你们三个学员都没有把钱交给小江保管，是这样吗？"

三个男孩子异口同声地说："是。"

我和小江重新回到酒店大堂。

我说："小江，我很好奇到底发生了什么事，你说学员交钱给你保管，可是他们都说没有交钱给你。你再好好想一想，这个钱到底是怎么来的。我听助教和宿舍管理员他们说，这几天你这个宿舍长表现很好、很投入，我觉得你是很愿意上进的好孩子。"

小江终于瞒不住了，他低着头小声说："我跟你讲真话好不好？"

我知道，孩子主动改变的机会来了。

于是，我好奇地问："什么真话？"

小江声音有些震颤地说："实际上这些钱是我偷了同学的。"

在心理专业人士的眼里，对未成年人特别是小学生而言，是没有"偷"

这个字的。于是，我给他转化了一下："你是不是说你未经过允许拿了别人的钱？"

小江欲哭无泪地说："是的。"

我问："拿了谁的钱？"

小江说："拿了隔壁宿舍六七个学员的钱。"

我问："加起来有多少钱？"

小江说："有 700 块左右。"

听到小江自己承认拿钱的事实，我真的很开心。

我高兴地说："我很欣赏你，你能够诚实地讲出来。说出真相是需要很大勇气的，看来你是愿意改变自己的。"

小江表情复杂地说："其实，我也不想拿别人的钱……"

第三，积极聆听找原因，及时欣赏赋能

我问他："你拿钱的时候是不是感觉到既害怕又开心呀？你害怕，是怕被人发现。你开心，是自己有钱用了，是不是？"

小江点点头说："是的。"

就这样，我一边聆听他，一边欣赏他，把他的负面情绪一点一点地疏导出来。

我问他："你现在，是不是对钱有了一定的需要？"

小江说："我当然需要钱了。我来到这里之后，我很想让自己上进一点、表现好一点，于是我就去竞选了宿舍长。为了把宿舍里的几个学员管理好、为了让他们能够听我的，我就想着拿钱买点东西给他们吃。可是我妈妈又不给我钱，我身上没钱，所以在上课的时候，我偷偷去隔壁宿舍拿了别人的钱。"

我问："刚才我们看到三个学员在宿舍里面吃的桶装面，是不是你买的？"

小江说："是。我买了桶装面给他们吃之后，他们都会听我的，我的目的就是把宿舍的卫生呀、纪律呀搞好一点。这样可以为小组加分。"

我说："看来你很有领导能力哟，现在你搞好一个宿舍、搞好一个团队，

将来就可以搞好一个组织、经营好一个公司。”

小江说：“谢谢。”

我又好奇地说：“你以前也未经允许拿过别人的钱吗？”

小江说：“有。以前我很喜欢和小伙伴打篮球，经常打得汗流浃背、口干舌燥。那些队友就买汽水饮料给我喝。由于我妈妈没有给我钱，所以我都是喝别人的，从来没有请过他们。后来，我觉得不好意思，就拿了爸爸妈妈的钱，有时候还拿爷爷奶奶的钱，主要就是请队友们喝些饮料、吃些东西。结果被我爸爸妈妈打了一顿……”

小江说完，眼角挂着眼泪。我把他过往悲伤、难过的负面情绪导出来后，马上通过欣赏他及时赋能。

我给小江擦掉眼泪，安慰他说：“我很欣赏你两点。第一点，你爱打篮球，喜欢运动。第二点，你懂得礼尚往来，别人请你吃东西，你懂得请回人家。对不对？”

小江恢复了平静，说：“是的。”

我说：“你未经允许拿爸爸妈妈的钱，所以你爸爸妈妈打了你。你心里肯定很难受。实际上，你这个年龄阶段需要有自己的朋友、有自己的社交需求，有社交活动自然会花掉一些钱，你身上没有钱就会想办法拿钱，是这样的吗？”

小江说：“是。”

经过多个回合的发问、聆听、欣赏，小江的情绪越来越稳定，负能量渐渐减少，正能量越来越多。他获得新成长的机会，也是水到渠成的事。

第四，引导孩子主动补救，获得新成长

通过层层探索，我看到了过去的小江，因为社交需要而拿钱，也看到了现在的小江，因为要领导好宿舍而拿钱，似乎也看到了未来的小江，因为改变而精彩。我开始引导他主动想办法进行补救，让他的心灵获得新成长。

我对小江说：“其他同学丢了钱一定很难过、很伤心、很生气，还会到处查监控录像、到处怀疑人。你说怎么办？”

小江坚定地说："我愿意还他们钱。你可不可以不告诉我爸爸妈妈？"

我说："你是不是害怕你爸爸妈妈知道后又打你？"

小江说："是的，我很害怕回去之后他们打我。"

我说："你这个请求让我很为难。如果我不说嘛，你爸爸妈妈是你的监护人，我没有理由瞒着他们。如果我不说，可能有人会说我故意掩盖事情真相，故意袒护你。如果我说了，你爸爸妈妈可能控制不住情绪又打你。这样吧，我负责跟你的爸爸妈妈做好沟通，让他们不要打你，但是你未经允许拿了学员的钱，该怎么办？"

小江想了一下说："这 700 多块钱我自己还。"

我问他："你现在剩下多少钱？"

小江说："我手上只有 100 多块钱。"

我说："那不够还呀，你还有什么方法，可以还这 700 多块钱？"

小江说："我可以把买的、还没有开封的桶装面全部退掉。"

我说："这是个好主意。"

小江一讲完，就跑回宿舍，他以迅雷不及掩耳的速度，把那些没有开封的桶装面全部收走。

看到小江这个举动，让同住的那三个宿友目瞪口呆。

我和小江一起抱着桶装面和其他零食来到小卖部，我问："老板，可不可以退货、退钱？"

小卖部的老板也很爽快，马上收货退了 100 多块钱。

这样操作之后，小江手里有了 200 多块钱，还差 500 多块钱。

我说："还剩 500 多块钱怎么办？你要不要给爸爸妈妈打个电话，看看他们能不能帮你？"

小江说："好吧，我找我妈妈帮忙。"

在小江与他母亲沟通之前，我提前跟他母亲说明了情况，表明小江已经承认了自己的错误，正积极主动想办法还钱。不过，他只是一个 12 岁的孩子，需要家长的关心与帮助。请家长不要批评他、打他，要聆听他、欣赏他，把这个事情转变成孩子成长的机会。

在跟小江的母亲做了一系列沟通之后，我又问小江："你找妈妈是直接要钱，还是借钱？"

小江说："找妈妈借钱。"

我问："你借妈妈的钱还学员的钱，那你又怎么还妈妈的钱呢？你造成的损失是不是该自己承担呢？"

小江说："我可以承担这个损失，我先跟妈妈借钱，等我回去后多做家务来补偿。"

我高兴地说："我很欣赏你，你愿意为这件事情去承担自己的责任，你也愿意跟妈妈沟通商量如何还别人的钱。行吧，你自己跟你妈妈去沟通吧。"

就这样，小江打电话跟他母亲进行了愉快的沟通，他母亲很开心地在手机上转了 500 多块钱给导师团长，让他转交给小江。

很快，小江手上就有 700 多块钱可以还给学员们了。

小江小声对我说："我愿意把这些钱还给学员们，可不可以不要在班上公开讲，我私下拿这些钱去还给他们，并私下跟他们道歉。"

我高兴地说："当然可以。"

就这样，小江拿着钱来到隔壁宿舍，把那些学员一个一个叫出来，向他们道歉，并把之前拿的钱还给他们。

这个问题，就这样解决了。因为是保密还钱的状态，小江和其他学员还是像以前一样一起学习、一起做游戏活动。

在结营的那天早上，我特意来到教室，想看看小江是什么状态。只见小江和学员们欢声笑语、打成一片。

小江发现我来了，就开心地跑过来问我："老师，可不可以在我的本子上签名，可不可以跟我一起拍个照？"

我高兴地说："当然可以了。我相信你在领袖营的学习一定收获很多。"

后面，我给小江签了名，还跟他一起合影。当时，我感到很欣慰，孩子的心理并没有受到很大的影响，反而获得新的成长，他的领导能力、组织能力也获得了提升，他的目标也越来越明确了，他说他将来要成为一名职业篮球运动员。

在圆满解决这件事之后，我有了很多的觉察。在日常家庭教育中，父母要坚信所有孩子的生命都是向上的、是向善的、是喜悦的、是创造的、是绽放的、是和谐的。没有哪个孩子天生就是来犯错误的，他们都是有一股积极进取、力争上游的力量，就像小树苗要破土萌生那样。只要父母给以无条件的爱、光和热，他们就能长成参天大树。我们都知道：鸡蛋从外面打破是食物，从里面打破是生命。让孩子自己承认是成长，而证明孩子错了是伤害。成年人拥有智慧，孩子们才有成长。正是因为如此，后来我总结出了“6Q 六银句”：我有犯错的权力，我有改正的能力；我父母允许我犯错，我师长允许我犯错；我享受成功中的喜悦，我享受失败中的成长。

在现实生活中，有不少被冤枉、被诬陷的孩子走向极端，因为他们身边的很多成年人（包括他们的父母、老师）情商智慧都不高，不能协助他们调整情绪、摆脱困境、化危为机。

海南有一名高一女生，被母亲冤枉偷了家里 500 元钱，她心里很难过，便有了轻生的念头，晚上趁家人不在时，就从高楼跳下，花季少女就此凋零。

广西有一名五年级的女生，被小超市店员说未付 3.5 元，被诬陷为小偷，最终该女生不堪被污蔑跳河自尽以证清白，留给亲人无尽的伤痛。

…………

到底需要多少人间悲剧，才能唤醒成年人的良知，才可以促进成年人愿意学习与改变、主动提升自己的情商智慧，从而可以把未成年人成长中出现的问题、误解、冲突转变成各自成长、关系更好的机会？当孩子犯错误时，成年人可以阻止孩子继续犯错，而不是以此为借口对孩子进行二次伤害。可是，有些成年人还没有取得孩子犯错的 100% 的证据，就对孩子进行无休止和无下限的侮辱，那些孩子身边又没有较高情商智慧的成年人去化解危机，最终酿成一个又一个悲剧。这是对未成年人的严重伤害，也是对生命的无情亵渎。

综上：一把遗弃在田野上的小铲子，原本与我没有什么正能量的连接，但在我母亲和谐智慧的沟通下，它发展成为一个成长的机会。家里突然出现的小铲子给母亲带来了困惑，但母亲并没有指责我，也没有直接判定我“偷东西”，而是及时进行同理共情的沟通，引导我要学会控制自己的“占有欲”，要做好自己，不要占别人家的一针一线。在沟通中，我母亲始终保持好奇心，积极聆听，及时欣赏，让我心情愉悦、正能量高涨，懂得了“急人之所急、想人之所想”，最后我快速开心地把小铲子放回原处。母亲的智慧，影响了我后面处理类似事情的方法。后来，在处理个别学员未经允许拿钱的事情中，我在没有100%证据之前都是客观描述事实，既不评判也不下定论；即使有了100%的证据，我也要通过“聆听、欣赏、我状况”的沟通方法，积极引导孩子自己承认、自己担责、自主改变、自我成长。

★先处理心情，再处理事情。

★被冤枉的孩子，需要导出负面情绪、及时欣赏赋能。

★自恰、他恰、续恰三个维度都考虑到了，就能圆满解决问题。

第4件事

我被冤枉偷橘子

——妈妈为我挽回尊严

导语：高资源商数（RQ）的人，可以左右逢源，在关键时刻能找到关键的人做关键的事。我的母亲就是这样的人，在我被人冤枉偷橘子之后，母亲找来乡镇派出所的所长为我洗清冤屈。这完全出乎我的意料，母亲没有选择“私了”息事宁人，而是求助于相应领域的权威，从根本上挽回了我的尊严。金秋的橘子，外部饱满圆润，内部果肉爽甜，启发我们处理事情也要表里如一、圆圆满满、滋润人心。我十分佩服母亲，在处理这件事时，做到了小事做巧、细节做妙，获得了圆满得体、抚慰人心的效果。

真情回放

在日常生活中，有一些成年人没有事实根据、只凭主观臆断，却随便怀疑孩子、冤枉孩子。孩子被冤枉后，父母如果不及时解决，往往会出现两种后果：第一种，会给孩子留下心理阴影，孩子成年后可能不愿再做同样的事情。第二种，孩子会失去安全感，从小开始不再信任父母、不再相信他人。

幸运的是，我被人冤枉偷橘子后，母亲依然坚信我是清白的，她积极找资源，帮助我摆脱困境。结果这件事并没有给我留下心理阴影，我也没有失去安全感。

这里，分享智慧妈妈第四件真实的事。

母亲请派出所所长为我洗刷冤情

我上初一的时候，学校附近有个林场。林场主种了一大片的橘子树。

金秋十月，橘子树上结满了沉甸甸的果子，像闪耀的灯笼，像微笑的脸蛋。果子在微风中摇曳生姿，让人垂涎欲滴。

中午我在教室里休息，我吃完饭就趴在自己的课桌上打盹。

我双手放在桌子上面，脑袋斜压在手上，睡眼蒙眬。

过了一段时间，班上有个男同学走过来叫醒我，问道："你要买橘子吗？"

我说："什么橘子？"

他两手捧着橘子转向我说："你看，就是这些。"

我低头一看，发现他手上捧着 20 多个橘子，外面包裹着青色的外皮，饱满欲裂。

我问："你从哪弄来的这些橘子？"

他急忙说："不要问这么多，你到底买不买，不买的话我就去找别人了。"

我赶紧问："要多少钱？"

他说："20 多个橘子只要两毛钱。"

我两眼放光追问："这么多橘子，还这么饱满，只要两毛钱吗？"

他说："是的，再也没有这么便宜的好橘子了。"

我说："好，给你两毛钱，你把橘子放到我桌子上。"

那同学把 20 多个橘子放在我的桌子上，我就给了他两毛钱。

当时，我开心极了。我省吃俭用省下来的两毛钱，就可以买这么多橘子，我带回去分给父亲母亲吃，他们肯定会表扬我，说我很会买东西。

我把橘子全部放到抽屉里，然后拿出一个橘子剥了皮，津津有味地吃起来。我正吃到一半，突然听到教室外传来一个中年人的声音："是谁偷了我的橘子?!"

在教室里休息的十几个同学都被这声怒吼吓了一跳，大家面面相觑、交头接耳。

那个中年人看见我正在吃橘子，就怀疑我了，他跑过来问："是不是你偷的？"

我说："我没有偷。"

他大声呵斥起来："你说你没有偷，你怎么有橘子吃。证据都在，你还不承认。"

我急忙用手挡住桌子的抽屉口："这些橘子是我买的。"

那个中年人怒吼着："你还狡辩。抽屉里这些橘子的种类分明是我林场种的。"

中年人说完，就动手拉走我的桌子，他一脸不屑地说："你每天就想着偷东西，还读什么书。"

当时，我十分害怕、伤心、难过，但我一直坚持说："我没有偷橘子，不要拿走我的桌子。"

结果，中年人把我推到旁边去，把抽屉里所有的橘子全部装到口袋里，抬着我的桌子连同课本出了教室。

我使出浑身的力气想拉回桌子，我说："这是我的桌子，你凭什么拿走！"

结果，那个中年人用很大的力气把我推开，他生气地说："你偷了我的东西我要你赔，你没钱赔我就没收你的桌子和课本。"

我看着中年人把桌子径直搬到学校旁边那个林场里面去，我的两行眼泪马上翻滚下来。我蹲在教室外面哭了起来，感觉阳光被遮蔽了，天空一下子就变灰暗了。

下午上课的时候，老师来了解情况。老师说："你回家叫你妈妈明天去跟林场主商量，想办法把课桌要回来。"

那天下午，由于没有课桌，我只好站着听课。老师和同学们不时往我这边瞄，他们的眼光像刀一样锋利，感觉他们都在怀疑我是小偷。而我发现卖橘子给我的那个同学，一直把头埋进书堆里，一言不发，不敢与我对视。

快要放学的时候，隔壁教室的科任老师都知道了这件事，他们对我说："你这个学生真是的，就算不是你偷的，你也不能这样做啊，你都不知道橘子是怎么来的你就买。现在好了，不仅自己没有课桌，连学校的名声也受了影响。"

整个下午，我都忍受着痛苦的煎熬。我好生冤枉，感觉自己就像"过街老鼠"一样。心中像打破了五味瓶，各种委屈、难受、害怕、恼火、埋怨、担心等情绪在里面横冲直撞，快把我整崩溃了。我恨不得在教室附近的空地里挖个坑跳进去算了。

放学的时候，我拖着疲惫的身体回家。我家里离乡镇中学大约有7里路，我也不知道我是怎么回去的，满脑子都想着明天怎样把课桌要回来。

我回到家，还是六神无主、闷闷不乐。

我母亲就问："良妹子，你今天怎么不开心？"

母亲这么一问，我就控制不住自己的情绪了，一边哽咽一边说了今天在学校发生的事情。

最后，我说："我被所有人冤枉了，橘子不是我偷的。"

我母亲听完后，就说："我知道了，橘子不是你偷的，是你买的。你心里有委屈，被人冤枉，觉得没面子，妈妈相信你。"

得到母亲的信任，我的情绪平复了很多。

我连忙问：“没有桌子，我明天怎么上学呀？”

母亲说：“不要着急，我会想办法处理好。”

我半信半疑，不知母亲是怎么处理的，只见她出去很长一段时间才回来。

第二天早上，母亲跟我说：“妈妈陪你去上学吧。”

听母亲这么说，我以为母亲要去跟林场主理论一番。

我和母亲一直走到学校附近，母亲突然说：“我们在这里等一个人。”

我当时着急得要命，心想连课桌都没有了，还要在这里等什么人。

我和母亲等了一段时间，不远处传来一阵“丁零零”清脆的自行车铃声。

我看见一个警察戴着大檐帽、穿着干净笔挺的白色制服，骑着一辆崭新的凤凰牌高架自行车，风尘仆仆地来到我们面前。

我母亲连忙向他问好：“所长好。今天就麻烦你了。”

所长说：“不麻烦，这是我应该做的。”

然后，所长向我和我母亲了解了一些情况。

了解事情经过后，派出所所长迅速掉转车头，把尾部的座位扭向我说：“小同学，快上车吧，我们现在就去把你的课桌要回来。”

母亲请派出所所长为我洗刷冤情

当时，我还有点害怕，有点退缩。

母亲鼓励我说："这是派出所所长，你放心去坐他的单车，他会帮你把事情处理好的。"

"哦。"我说完，就坐上单车的后座。

我母亲看着我们离开之后，她就回家了。

就这样，派出所所长用单车载着我，边走边问我几个问题，我也如实问答了。我们的单车绕过学校进入附近的林场，一直骑到林场主住的小木屋面前才停下来。

派出所所长领着我一起找到了林场主。

所长平静地说："你昨天是不是去学校抬走了这个学生的课桌？"

林场主看了我一眼，就说："是呀，他偷我的橘子，所以我就……"

派出所所长问林场主："你有什么证据可以证明这个孩子偷了你的橘子？你有没有亲眼看见这个孩子爬到树上偷了你的橘子？"

林场主支支吾吾地说："没有亲眼看见，但是我看见他在教室里吃橘子。"

派出所所长笑着说："吃橘子不等于偷橘子。我再确认一次，你只是看见这个孩子在教室里吃橘子，而没有看见这个孩子在偷橘子，对吧？"

林场主肯定地说："是的。"

派出所所长又说："那你带我去你的橘子林转一转。"林场主连忙在前面带路。

来到一片橘子林，派出所所长认真检查了橘子树下湿泥地上的脚印，又让我在上面踩出一些脚印来对比，结果发现我的脚印与那些树下脚印的大小、形状完全不同。

派出所所长和蔼地问我："这几天你一直穿这双鞋吗？"

我点点头说："是的，我家里穷，一直穿哥哥留下来的这双旧鞋。"

这时，派出所所长严肃地对林场主说："我已经调查清楚了，橘子不是这个孩子偷的。你把他的课桌搬走了，现在请你把课桌搬回原来的地方，不要影响孩子正常上课。后面的事情按程序来办。"

林场主听到如此严厉的声音，马上哆嗦起来："我知道了，我马上把桌子和课本搬回去。"

派出所所长又用自行车载着我回到我的教室里，当时老师和同学都来到教室里准备上课了。

派出所所长当着全体师生的面大声说："昨天的事我已经调查清楚了，橘子不是这位同学偷的，请老师和同学们不要乱猜想。"

派出所所长说完就回去了。不到五分钟，那个林场主就把我的课桌搬回了教室，并小心翼翼地放回原先的位置。我心里的石头终于落地了，这时全班师生看我的眼光，重新变得柔和、温暖。我高兴极了，放心地回到自己的座位，开始和同学们一起学习了……

在这件事中，我十分佩服母亲找到了正确的方法帮我洗清冤屈。

此前，我说我没有偷橘子，林场主没有相信我，老师同学也不相信我。最后，派出所所长来了，他通过实地调查与缜密思考排除了我的"嫌疑"，最终消除了师生对我的怀疑，挽回了我的尊严。

孩子被冤枉后，很容易造成心灵创伤。治疗心灵的创伤几乎没有什么特效药，只能慢慢疗愈，方法包括通过心理治疗导出负面情绪、及时欣赏赋能、恢复人事物的初始状态等。

感恩智慧妈妈，解决问题的效果超出期待。

对这件事情，我主要感恩母亲以下三个方面。

第一，及时保护我的自尊心

孩子也是人，同样需要维护自尊心。如果孩子从小就失去尊严，长大后很容易变成懦弱、胆小、不敢尝试的人，很难拥有健全的人格。如果父母从小就懂得维护孩子的自尊心，孩子被冤枉之后懂得及时挽回孩子的尊严，那么孩子长大后就懂得自尊自爱，内心的正能量也会越来越强，身心灵也会获得和谐圆满。

当被冤枉偷橘子后，我感到个人尊严都没有了，“人赃俱获”时我说什么都没用，根本没有人相信我，他们都怀疑我、冤枉我。我只能强咽委屈。没想到母亲在聆听我的情况后，及时保护了我的自尊心。

我的自尊心是怎么挽回的？我母亲主要通过“恢复初始状态”来解决问题：一是让我被搬走的课桌重回原位；二是重新找回我在老师同学面前丢失的自尊心与诚信。

第二，先处理心情，再处理事情

小时候，我跟母亲的关系特别好，我很喜欢把学校里发生的事讲给她听。母亲会专注地聆听我的心声，她确实有一种“聽”的智慧。注意这里的“听”用的是繁体字。

在“高 EQ 智慧父母”一阶课程中，我总结了“聽”的智慧，现在和大家分享：

作为父母，我们更应该“聽”孩子，而不是简单地“听”孩子。

繁体字的“聽”，可以拆解为“十目一心耳为王”。

耳——用来听对方传递的事实与观念。

目——用真诚的眼神关注关爱对方。

心——专心、全然地和对方在一起，并觉察对方的情绪感受。

王——尊重对方为“王”，接纳对方的认知与情绪状态。

当我回家向母亲诉说时，母亲用“聽”的智慧，听我的描述、看我的眼神、觉察出我的情绪。母亲感受到我的委屈、难过、自责、后悔等多种负面情绪。这时，她选择先处理我的心情，再处理我的事情；她先客观重述事实——橘子不是我偷的而是我买的，接着表示她会解决我最担心的问题——我的课桌被搬走了。听母亲这样说，我的心情立刻转悲为喜。

第三，智慧、圆满地解决问题

在这件事情上，或许有的父母会选择“花钱消灾”，直接把钱赔给林场主，再把课桌搬回来。

这样做会有什么后果？这样简单粗暴地解决问题，虽然把我的课桌要回来了，但在他人眼里，等于我承认自己偷了橘子，承认了错误。以后，别人就会理直气壮地戳着我的后背说："如果不是你偷的，为什么你爸妈要赔钱给对方？"这样，我的自尊心还是会受到伤害。

幸运的是，母亲智慧、圆满地解决了这个问题。她并没有直接赔钱给林场主，而是去找资源、找关系、找方法，抚慰我受伤的心灵，把我丢失的自尊心找回来。

这个事情的解决过程十分圆满，"我、你、情境"很匹配。一是我的课桌回来了；二是我的自尊心回来了；三是老师同学对我的信任回来了；四是我及时将橘子还给林场主，弥补了他的损失，林场主了解了真相，也得到了教训，以后不会再随便冤枉他人。

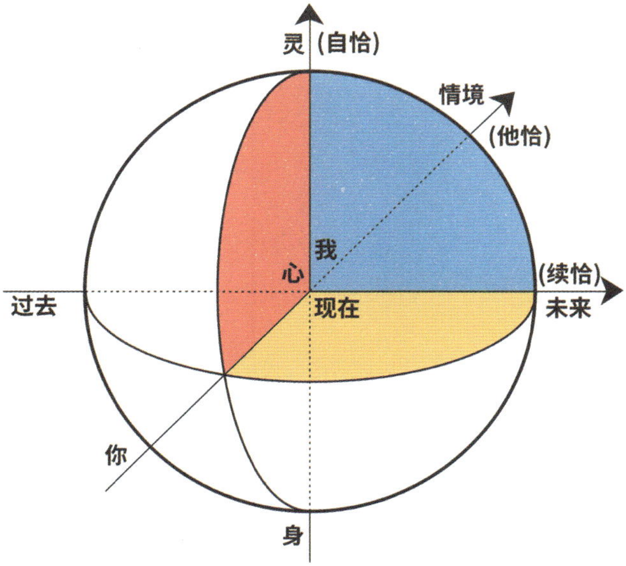

智慧导图:《中和三恰模型图》

解释：经过20多年对“人”的研究，我研发出了《中和三恰模型图》，我发现，想要人生和谐圆满，需要在三个方面达到和谐融洽。一是自恰：身心灵和谐；二是他恰：你我情境匹配；三是续恰：过去现在未来连贯。当我们处在某一角色中、某一时间内、某一范围里，就会有相对的中心，如果三个维度都是均衡的，那么整个球形就是圆满的，更容易获得和谐圆满的人生。母亲在处理我被冤枉偷橘子这件事时，既关注了我的心情，又能顾及情境，还考虑到我未来的发展，她很好地平衡了三个维度，所以能圆满周全地解决问题。

感恩影响

被冤枉的经历，对我有什么影响？

事隔多年，这个经历对我依然有很大的影响，并让我明白三个道理。

第一，不要占别人的便宜

这件事给我一个重要的觉察，就是便宜的东西可能会有陷阱，所以不该占别人的便宜。

世界上有很多便宜的东西，它们非常吸引人，但发生这件事后，我只要不知道这些东西的来历，无法追根溯源，我就不会去碰。我花了两毛钱买了20多个橘子，看似占了别人的便宜，结果得不偿失——我花了两毛钱，只吃了半个橘子，还被人冤枉，贪了小便宜，丢了自尊心。

至于这个橘子是怎么来的，我后面也问过把橘子卖给我的那个同学，但他总是支支吾吾、躲躲闪闪。

过了一段时间，有同学偷偷告诉我，那个同学的家就在林场旁边，他比较调皮，经常溜到林场里打鸟，可能他在林场看到橘子树上结着诱人的果子，就未经允许摘了橘子。他不仅自己吃了，还卖给同学。

我知道这个情况后，并没有告诉老师，原因有三个：一是我不想翻旧账；二是我也不希望林场主再来把他的课桌搬走；三是那天我的课桌被人强行搬走，那个同学看在眼里，也吓得不轻。我希望那个同学看到我被冤枉的情形后，能自己变好。

巧合的是，多年以后，这个同学成了我的堂姐夫，每当说起这件事，他都觉得这是一段有趣的童年回忆。当年那个派出所所长后来并没有深入调查偷橘子的人，因为案值太小，没有达到立案标准。但警察的出现，足以产生威慑作用，能有效避免学生偷摘橘子的事情再次发生。

第二，一个人的尊严靠自己争取

尊严不是别人给的，而是要靠自己争取的。心理学研究表明，人的尊严，等同于人的存在感、价值感。人活着如果没有尊严，一辈子委屈、卑微地苟活着，这样的人生是苍白无力的。

人在不同的情境中扮演着不同的角色，每个人都有自己的尊严。在家里，父母要有尊严，孩子也要有尊严；在公司里，领导要有尊严，员工也要有尊严；在学校里，老师要有尊严，学生也要有尊严。

孩子被误会或冤枉，就丢失了尊严。因此，当孩子被冤枉时，如果他们不知道如何保护尊严，就需要高情商智慧父母的帮助，父母要找资源、找方法，及时帮助孩子。

父母解决问题时不能浮于表面，哪里起火就去哪里灭火，而要善于追究病根，从根本着手解决问题。就像我母亲那样，她并不是只把课桌要回来这么简单，而是求助于相应领域的权威，从根本上为我争回了尊严。

第三，平常要做好广泛的连接

我母亲虽然长期生活在农村，但这并不影响她的社会交往能力。母亲待人接物会做到两点：一是善解人意；二是真心付出。因此，她和别人的关系都很好，能与不同的人进行广泛的连接。

在我的印象中，母亲不管遇到什么人，都很有自信地去和别人交往。由于母亲平时做好了广泛的连接，所以在关键时刻，她总能快速搜索并选择一些关键人物来帮她解决问题。

在日常家庭教育中，高EQ智慧父母是有预见性的，他们平常会给孩子或其他人进行“情感存款”和心灵的连接，这样在关键时刻才能够调动优质资源，包括物力、财力、人力等各方面资源。如果父母日常没有与他人做好广泛的连接，等到出了事之后才心急如焚地求爷爷告奶奶找人帮忙，这样可能会付出更高的代价。

智慧行动

被冤枉学生跳楼自证清白，说明什么？

这里，我先分享某学校的一件事。

一天上午，某小学的一名班主任上完课回到自己的办公室，他打开办公桌的抽屉，发现自己放在抽屉里的2000块钱不翼而飞，这个突发情况让他急得团团转。

当时办公室里一个人也没有，班主任就来到自己班的教室里，大声问学生们：“刚才我在其他班上课时，有谁经过我的办公室吗？”

一个男孩举起手说：“老师，刚才我经过了你的办公室。”

这时，班主任凭借自己的主观判断，几乎100%认定就是这个男孩偷了钱。

于是，他把这个男孩叫到办公室去，把门一关，开始审问，这架势快把男孩吓哭了。

班主任问男孩："你只是经过我的办公室吗？你是不是走进了我的办公室，打开抽屉拿走了里面的钱？"

男孩一边摇头一边说："没有。"

班主任生气地说："那不可能。早上办公室里没有其他人在，只有你经过，接着这2000块钱就不见了，肯定是你偷的，难道这个钱还能长出翅膀飞走了不成？"

男孩一直说"没有"，班主任失去了审问的耐心。他把男孩关到一个房间里，软硬兼施，逼男孩承认偷了钱，但男孩坚决否认。

看上课时间马上就到了，班主任就将这件事告诉了学校领导。班主任去上课，副校长和德育主任就轮流审问那个男孩，一定要他承认这笔钱是他偷的，但男孩始终不承认。

班主任上完课回来后，发现男孩还没承认，于是又急又怒地继续审问，并威胁道："你不说是吧？中午不让你吃饭。"

下午上课时，班主任老师继续把男孩关在房间里。

快放学的时候，男孩又渴又饿，趴在窗台上焦急地看着窗外。

班主任回来后，对男孩说："只要你主动承认错误，我现在就放你回家，可以吃饭，也可以喝水。"

男孩被折磨了一天，又累又饿，回家心切，于是就说："好吧，就当作是我偷的吧。"

结果，男孩话音刚落，班主任就吓他："你终于承认是你偷的了，现在，警察就在楼下，立刻就上来把你抓走。"

男孩一听有警察来抓他，感觉自己有理也说不清，彻底崩溃了。他想证明自己的清白，于是用力推开玻璃窗，直接跳了下去。

这个情形把老师吓呆了……

幸运的是，男孩没有死。他跳下去的时候正好掉在楼下的一棵树上，树枝起到了一定缓冲作用，但他还是摔成了重伤，双腿残疾。

警察在调查取证的过程中发现，那2000块钱并没有被偷走，而是卷在一起，掉到了抽屉的最底层。原来是班主任自己不小心，却错怪了学生，还非法拘禁、审问学生，最后导致学生跳楼的悲剧。

悲剧发生，老师、学生、家长三方都是受害者。老师被调离工作岗位，还受到了法律的惩罚；学生残疾了，不能正常学习；家长失去了健康的孩子，天天处于痛苦煎熬中。

在学校教育中，老师的情商与处事方法十分重要。学生被冤枉后，他们心里充满了委屈、难过、悔恨、愤怒等负面情绪，如果老师不能及时帮助学生疏导情绪，那么学生就不能重新爱自己、欣赏自己、接纳自己，就很容易自暴自弃、破罐破摔。

被冤枉的学生跳楼自证清白，说明了两点：

第一，为人师表应该懂法律

《中华人民共和国未成年人保护法》《中华人民共和国义务教育法》和《中华人民共和国教师法》等法律规定，老师不能拘禁、审问、体罚学生。

《中华人民共和国刑法》还规定，公安机关讯问未成年人时需要监护人在场。未成年人犯罪的案件，在讯问和审判前，应当通知犯罪嫌疑人、被告人的法定代理人到场。

这个案例中，学校老师非法拘禁、审问学生，让学生身心倍受伤害。这个老师自己不懂法律，终究还是受到了法律的惩罚。

第二，不该逼迫未成年人认错

部分低情商教师动辄以报警来威胁学生，让学生感到畏惧，企图逼迫学生违心承认错误。

在这个案例中，低情商的班主任老师不懂得沟通方法，不懂得如何将这件事转化为学生成长的机会，咄咄逼人，强迫学生承认错误，最后才发现是自己不小心把钱弄丢了。

可见，学校里的老师除了要懂法律法规、学科知识，更要提高情商智慧，要懂得维护学生的尊严，努力保护学生的生命安全。凡事没有 100% 的证据，都不能逼迫学生“认罪”。即使有 100% 的证据，老师也要通过“聆听、欣赏、我状况”的表达，与学生实现双赢沟通。具体方法见第三章中《孩子未经允许拿钱，怎么办?》（第 61 页）一文。

6Q 案例

孩子被冤枉了怎么办?

如果孩子在学校被人冤枉了，不想上学，父母不必过于紧张，可以通过 6Q 智慧来解决。如果父母无法解决，请及时向专业人士求助。下面分享一个来自 6Q 个案辅导的案例。

2011 年 4 月 22 日早上 9 点左右，我接到一个电话。一位父亲急促地对我说，他初二的孩子小李（化名）连续几天都没去上学，他非常着急。他的一个朋友告诉他，我可以帮到他。

这位父亲与我沟通好咨询的时间之后，立刻和太太带着儿子小李来到了我在广州的心理咨询室。他们来到后，我决定先和小李单独沟通一下。小李逐渐信任我后，向我大倒苦水。

小李在一个条件良好的私立学校上学，两周放一次假。周四中午开始放假，到下周一才上学。

事情发生在上周四中午，老师宣布放学之后，班上一名姓王的男同学突然走过来问小李有没有拿他的 PSP（一种掌上游戏机），小李说：“我没拿。”

王同学问小李，敢不敢当着班主任的面，打开行李袋检查，小李同意了。谁知小李把自己的行李袋打开后，王同学的 PSP 真的在里面。

小李瞬间就吓蒙了，脑袋一片空白。王同学从行李袋中把游戏机拿出来，大声说小李是个小偷。当时，班主任和许多同学都在现场。

我问小李当时是如何回应的，小李说，他想为自己解释，但一句话都说不出来。老师和同学都在旁边，他感到很尴尬，根本就不知道为什么王同学的 PSP 会出现在他的行李袋里。

小李回过神后想，应该是有人在陷害他。更糟糕的是，小李回到家后发现，王同学在班级 QQ 群和公共空间说：“全班同学，我们以后不要和小偷李某某说话。”

因为这件事，小李不愿去上学了，作为父母该怎么办?

第一，先处理心情再处理事情，让孩子开心上学

孩子遇到挫折怎么办？先处理心情，再处理事情。

首先，我要做的就是积极聆听孩子，把他的负向情绪疏导出来。

我认真聆听小李的诉说，他一边讲一边哭，震惊、困惑、尴尬、生气、难过、害怕、担心、后悔等多种负面情绪裹挟着他。我能做的就是聆听，把他情绪的乱麻厘清并抽离，让他内心变得越来越舒服，情绪越来越平稳。

其次，就是及时欣赏他。我欣赏小李对我的信任，感谢他愿意把心里话讲给我听。我也看得出来，他很在乎与同学的关系，也想了解事情的来龙去脉，更想还自己一个清白。小李还说，他现在不敢到学校去，但是又担心落下很多课程，可见这个孩子还是想要好好学习的。

我聆听了小李，并欣赏了他，小李也对我敞开心扉。他说，这件事他也有责任。我好奇地问小李，为什么觉得自己有责任。他说，以前当班长的时候，他可能得罪过班上很多同学。从小学一年级到初中一年级，他都是班长。有时

管理比较严格，也会批评同学，这可能引起了部分同学的不满。他还向我举了个例子：

初一第二个学期的某一天，上午第二节课下课后，班主任来到教室里，非常严厉地质问全班同学：“昨天晚自习谁讲话了？讲话的站起来！”结果没有一个人站起来。

班主任更生气了，他大声说：“副校长说，昨天我们班晚自习讲话声音很大，不但影响了我们自己班，还影响了隔壁班，所以讲话的人应该是比较多的，而且声音很大。谁讲话了，就自觉地站起来。”结果还是没人站起来。

班主任尴尬又生气，他把当班长的小李叫到走廊上询问，小李很紧张，直接就告诉了班主任是哪些同学在晚自习讲话。

班主任回到教室里，点名让这几个同学站起来，当着全班同学的面批评了他们。

小李说，像这样的情况很多，他也知道因此得罪了很多同学，所以上了初二他就坚决不当班长了。结果发生了这件事，他觉得应该是以前得罪过的同学在陷害他。

第二，“高 EQ12 步双赢完整情绪表达法”化危为机

在日常实践中，如果父母与孩子的“情感存款”比较多，父母对孩子进行“我状况”表达，孩子的良知就会升起，愿意作出改变。如果孩子已经形成强烈的负面情绪或养成了不良习惯，可以运用“高 EQ12 步双赢完整情绪表达法”进行沟通。

该表达法共有 12 个步骤：定主题、约时空、表感谢、呈愤怒、显失望、说担心、我责任、敢承诺、诚邀请、提希望、多爱意（欣赏）、再感恩。

通过聆听，我发现小李有很多强烈的负面情绪，我在处理完他的情绪之后，就运用“高 EQ12 步双赢完整情绪表达”协助他写了一封信与王同学进行沟通。

王同学：

你好！

首先，感谢你愿意花 6 分钟时间来看我写给你的信！

我想就 PSP 一事与你沟通。当我看到 PSP 在我行李袋时，我非常吃惊！我根本就没有拿你的 PSP，为什么会出现在我的行李袋里？当时，我一下子吓傻了——是谁在陷害我？

我与你的关系一直很好，而你却在没有了解全部事件且没有确凿证据的情况下就下结论，我很失望。

你与老师一起搜查我的包，这对我的名声与人格造成了深深的伤害，我感到非常伤心。我之所以让你们搜，是因为当时我很纠结，不让你们搜查就说明我心虚，且作为一个学生，班主任要求做的，我也没有理由不同意。可是，让你来搜又让我感到很丢面子。

但这件事并不是搜了就结束了，我想告诉你的是，我与你丢的 PSP 无关。当然，我无法控制你们内心的想法，这是你们的权利。

现在我很担心是否能与你重新回到好朋友的关系，我也担心这会影响我在同学们心中的个人形象，以及今后在学习与生活中老师、同学对我的信任与支持。我更加担心陷害我的人，小小年纪就能做出这么可怕的事。

这件事发生以后，我想了很多。我觉得自己也有一定责任，为什么某同学偏偏要陷害我呢？我知道自己有很多缺点，在同学沟通方面缺乏技巧，特别是以前当班长时，没有注意沟通方式，不太注意他人的内心感受。很抱歉，给他人带来了一定的伤害，给某些同学留下不好的印象，导致某些同学对我有所怨恨。

我相信每个同学都有自己的分析判断能力，也会了解事情的全部经过后再下结论。

我很希望以后自己在人际沟通和学习态度上都有很大改善，也希望能与你继续我们之间的良好友谊。同时，我想邀请你报警，把这件事查个水落石出。当然，至于你报不报警、什么时候报警、到哪里报警都由你决定，我承诺全力配合你与警察的调查！

我希望看到调查清楚后的结论，以防造成更大更深的伤害；也希望能够对我不满的某些同学可以当面向我表达，我可以向他们表达我的歉意。我也希望这件事可以作为我们全班同学共同成长的一次机会！

正因为这件事或多或少有我的责任，现在我可以慢慢释怀一部分了。

最后，感谢你看完我写给你的心里话。

你的同学：小李

小李同学把这封信发到了班级QQ群里。后来小李同学打电话给我，他说好神奇，这封信发出去后不到半小时，之前王同学在QQ群和公共空间里写的那句话就被删掉了。班上也没有同学去报警，说明有同学冤枉他，不敢面对真相。小李同学心情调好了，星期一就去上学了。一个星期后，小李的妈妈打电话告诉我说，小李同学不仅正常去上学了，而且跟那个王同学和好如初。后来，小李同学考上了一个满意的大学，毕业后在银行系统上班，发展顺利。

综上：熟透的橘子，从里到外都透着甜。当年我只尝了半个橘子，就被人冤枉为小偷，连那张用于学习的小课桌也被人抢走。这件事对我的心理冲击很大，似乎只要有一个人无端地怀疑你、冤枉你，就会带动周围的一群人一起怀疑你、冤枉你。当时，我的整个世界都被黑暗笼罩着，几乎没有阳光与温暖。幸好，我智慧的母亲仅用一招就彻底扭转了乾坤，她请权威人物出面为我调查、为我辟谣、为我申冤。最后，我的桌子、我的尊严、老师同学对我的信任、我喜悦的心情全都回来了。通过这件事，我明白，处理事情不能只做表面功夫，一定要做到和谐圆满，要努力实现身心灵和谐。在人生路上，孩子身体的损伤、心灵的创伤、尊严的破损、爱与感恩的缺失，都需要父母利用高情商智慧一一弥补……

★渡过难关需要两个法宝：一是坚韧不拔，二是穷则思变。

★『人生幸福三化』就是：正向的自我显化，负向的自我转化，美好的自我内化。

★『人生痛苦三化』就是：正向的自我淡化，负向的自我激化，『三输』的自我泛化。

第5件事

我家公粮被偷
——妈妈坚强面对巨大变故

导语：那黄澄澄的稻谷，曾经是我家最重要的资产，它既是全家人赖以生存的给养，也是缴纳国家公粮的来源。公粮被偷之后，我怕了、父亲慌了、母亲晕了、其他家人也绝望了。在灾难面前，整个家风雨飘摇……就在我认为天塌了、生活无法继续的时候，我母亲靠着坚强的意志，出去讨孝米、进行民间借贷、勤开荒……千方百计搜集生活物资，最终让全家人活了下来。我母亲是高AQ（逆境商数）的人，在危机面前，她擦干眼泪，拿出最好的状态，用柔弱的肩膀扛起了摇摇欲坠的家，给子女们创造了欢乐的时光。由于对粮食特别珍爱，母亲希望我能成为与粮食有关的专业人才。大学毕业后，我十年如一日，坚持不懈地为无数家庭提供身体营养与心灵营养。

真情回放

在我的印象当中，母亲是坚韧的、乐观的。在家里，母亲总有忙不完的家务，包括打猪草、喂猪、喂鸡、砍柴、做饭、洗衣、打扫卫生等，但她始终微笑面对生活。不过，坚强的母亲也有脆弱的时刻。

这里，分享智慧妈妈第五件真实的事。

母亲带领全家渡过难关

7 月盛夏，水稻成熟了，金黄色的稻穗弯下了腰，饱满的稻谷在阳光下闪着金色的光芒。这时，农村一年一度的“双抢”就开始了。农民们要在立秋之前抢收早稻，再抢种晚稻。如果拖到立秋之后才种晚稻，会严重影响收成。

我读初二那年，家里正在紧张地收早稻。母亲组织我、哥哥和姐姐，伫立在田间，挥舞着镰刀快速收割稻谷。父亲就用脚踩着打谷机把谷子与稻草分离。打完稻谷之后，父亲马上把牛牵来耕田，接着灌水泡田，准备种晚稻。

为了抢时间，母亲做了齐头并进的安排：一边，让父亲和我去交公粮；另一边，她和其他孩子开始种晚稻。

农村的“双抢”和交公粮，都是有时间限制的。如果“双抢”成功，一年的粮食收成就正常，一部分粮食用来交公粮，另一部分留给自家吃。如果“双抢”不及时，收成不好，交公粮都犯愁。

当时，我和父亲把稻谷收回来后，第一时间就用箩筐挑到家里的禾堂（晒谷的场子）晒，晒干后就用板车拉了 3000 多斤稻谷到乡镇粮站——游湾粮站（化名）。这个粮站在大堤旁盖了一栋大房子作为仓库，仓库外面有一个水泥操场，没有围墙，任何人都可以自由进出。

以前，都是大哥刘中阳跟着父亲去交公粮，听大哥说，最辛苦的是在炎炎夏日挑着粮食爬上粮站的仓库，还要排队等过秤。

我和父亲把稻谷运到粮站，原本希望这次能早点交完公粮，但没想有很多村民来交公粮，早就把粮站围得水泄不通了。

有个管理人员走过来对我们说："你们先把粮食放在粮站的水泥操场上，待会儿有人过来验收。如果粮食干透了，就可以收；如果没有干透，就要在这里晒干了再验收。"

等了一段时间，粮站的验收人员过来检查我们的稻谷，他说我们的稻谷还没有干透，于是我们只能重新晒。

就这样连续三天，我和父亲白天晒稻谷，晚上就躺在粮站的水泥操场上睡觉。那水泥地被太阳晒过后十分滚烫，加上到处都是蚊子的"嗡嗡"声，我们根本无法入睡。

第四天晚上，父亲决定带我去他的一个好朋友家过夜，他的好朋友家离粮站大约有 2 里路。

在走之前，我们用塑料薄膜把谷堆盖好，还用石头压住塑料薄膜，避免被风吹掉，同时还能防止老鼠来偷谷子。

我问父亲："半夜，我们不在这里守着，如果别人来偷粮食怎么办？"

父亲说："这里可是国家粮站，很安全的，没人敢来这里偷东西。何况还有好多堆呢。"

那天夜里，我和父亲到他的朋友家吃了饭、冲了凉，我俩太累了，很快就睡着了。

第五天一早 5 点多，我和父亲走回粮站，一边走一边商量着：如果收公粮的人还说稻谷不干，我们就先把稻谷运回家，等忙完"双抢"再说。

结果，等我们来到粮站的水泥操场时，瞬间就吓蒙了——我家的谷堆被人偷走了，只剩浅浅的一层谷粒，之前盖好的那些塑料薄膜全部都被扯破了。

父亲急得要命，他到处找，逢人就问有没有看到我家的稻谷。那时，我也吓坏了，瘫坐在地上，不知道怎么办才好。

最后，父亲眼中闪着泪花，默默用箩筐把剩下不到 100 斤的稻谷装起来。

3000 多斤稻谷被偷得只剩不到 100 斤。这意味着什么？

意味着我们一家7口人一整年都没有粮食吃了，要面临饥饿的威胁。

我家上半年的收成、原本要交给国家的公粮被偷了，那下半年的收成还要补缴公粮，而且要确保收成好才行。这样，全家人通过“双抢”劳作、累死累活一整年的收成所剩无几。

父亲带着我跑去乡镇派出所报案，可是他们说没有这么快查出犯罪分子，先让我们回去等消息。

回到家的时候，我和父亲两个人都失魂落魄、无精打采。

我母亲走过来问：“出了什么事，你两个怎么变成这样？”

我不敢说话。

父亲长叹一声说：“哎——公粮被偷了！”

这个消息犹如晴天霹雳，我母亲听后惊叫一声：“什么?!”

说完，母亲头一晕、两眼一闭就瘫倒在地，不省人事，我和父亲赶紧过来扶着她，不停地呼唤她……

过了很久，我母亲终于醒过来了，一醒来就哭，那是她最脆弱的时刻。她最担心的是，家里已经无米下锅了，家人能不能活下去。

母亲听说公粮被偷吓晕在地

我母亲哭了一段时间，双目渐渐失去了神光，几缕白发散乱在浮肿的面颊上。

过了一会，母亲低头凝视着我，然后抱着我又哭了一阵子，最后才回过神来。

我和父亲在粮站待了5天，已经耽误了“双抢”的时间。下半年种下的晚稻收成并不好，几乎全部要拿去交公粮了。

快到9月开学的日子了，家里已经揭不开锅了，我又要上学，那学费怎么办?

没想到，母亲对我说:“你按时去上学吧，学费我会想办法的。”

我很担心家里的经济情况，就与母亲说:“没钱我就不读书了，我可以为家里干农活。”

母亲连忙开导我说:“事情已经发生了，你不要想太多，现在家里还过得下去，你就放心去上学吧。”

由于我没有钱交学费，老师需要我找一位担保人。为此，我母亲专门去找了一位隔着很多层辈分的亲戚，让他给我做担保，如果我交不起学费，学校可以找担保人要钱。

当时，我读初中二年的学杂费要10块钱。我很高兴，因为我的学费终于有人愿意担保了。那家里没有吃的怎么办?

有一天，母亲很开心地给我们打气说:“孩子们，你们不要担心没米下锅的事情，我早就想好了，我要出去讨孝米。”

讨孝米，是当时农村里的一种风俗。家里有老人去世后，子孙要代其受过，四处讨米三日，就叫讨孝米。孝子讨孝米时，全身披麻戴孝，手拿讨米袋，每到一家便跪在地上，请人家给孝米，一般村民都会给一把米，一天可以讨到4—5斤米。

父亲说:“人家讨孝米，都是家人刚去世时才去讨的。你现在去讨，以什么理由呀?”

我母亲说:“孩子们的爷爷奶奶死了二十年左右，当时我们不是没有讨过孝米吗？现在家里出现这个情况，我去补讨孝米，也说得过去呀。”

就在家人的一片质疑中，母亲还是行动起来了。只见她身上披着麻布服，头上戴白头巾，跟着几个妇女一起去周边几个经济比较好的村庄讨孝米。因为其他村庄的村民并不知道我家是不是新近死了人，村民们见到几个哭得死去活来的妇女前来讨孝米，都被她们的“孝心”感动，都很乐意分享几把米出来。

就这样，为了全家人的生存，我母亲挨家挨户去下跪、讨孝米。原来有规定，讨回的孝米是不能吃的，只能拿来喂鸡、喂猪。可是，我母亲才不管这么多呢。她讨回来孝米后，就给我们煮稀粥喝。这样，全家人都不会饿死了。

光有米还不行，还得有菜。于是，母亲又在一些田地的间隙地带、河岸三不管的地方开荒种菜，她带着我们种上了菠菜、白菜、茄子、辣椒、番茄、黄瓜、丝瓜、洋葱等。

就这样，一家 7 口人一年的伙食，就这样解决了。

由于我和哥哥、姐姐要同时读书，几个孩子的学费与家人偶尔得病需要钱治病、农村紧急物资需要购买，这三项加起来需要很多钱。母亲跟父亲商量之后，就通过民间借贷，借钱救急。

当时，民间有一些经济条件好又会投机的人发放农村贷款，农民借 1 块钱要 3 分的利息，月利息是 3%，就是说借 100 块每月有 3 元利息，一年之后要还本金和利息共 136 元。

我母亲去借贷时，借款人听说我家的情况，不愿借给我们。最后，在我母亲的央求下，只能借 1 块钱 6 分利息的贷款。借 1 块钱要 6 分的利息，月利息是 6%，就是说借 100 块每月有 6 元利息，一年之后要还本金和利息共 172 元。

当时银行贷款利率，借 1 块钱仅要 1 分钱的利息，月利息是 1%。私人借款，不论是 1 块钱 3 分息，还是 1 块钱 6 分息，对于一个农村家庭来说压力都是很大的。

公粮被偷后很长一段时间，是我家最黑暗的时期。我很佩服母亲，她靠着坚强的意志，放下脸面下跪讨孝米、开荒种蔬菜，让全家人都活了下来。同时不惜借高利贷送几个孩子去读书。

在我母亲眼里，不论遇到什么困难，人只要努力活下来，只要坚持读书，未来就有希望。

每当想起这件事，我仍然心有余悸，如果没有母亲带领全家人一起努力渡过难关的话，不知道我家会变成什么样子。

感恩影响

我十分感恩母亲，她不仅让我们活了下来，还能像其他孩子一样去读书。这次特别的遭遇，让我知道了粮食的重要性，粮食是人民的根本，而人民是国家的根本，这最终影响了我的专业选择。

母亲让我读粮食学校

在亲自体验了做农民的辛苦之后，我开始发奋读书。在当时，作为农村娃要改变自己的命运，似乎只有努力读书这条路，才可以跳出农门。我读初中时很努力，读高中时简直是在拼命，考大学的时候我考出了一个好分数。

金榜题名的快乐没几天，我又开始愁填报什么志愿了。

1991 年 7 月，在高考成绩公布几天后，学校开始组织同学们填报大学志愿。我当时也没有什么主意，于是就去征求母亲的意见。

我问母亲：“妈妈，我考上了大学要读哪个学校、选哪个专业？”

母亲说：“读粮食学校，选粮食专业。”

我问她：“为什么？”

母亲又坚定地说：“你就读粮食学校就行了。”

我非常信任母亲，就听从了她的建议。

第一志愿我填报的是武汉粮食学院；

第二志愿我填报的是郑州粮食学院；

第三志愿我填报的是南京粮食学院。

它们是当时全国排名前三位的粮食学院。

班主任老师和同学们看到我的填报结果都感到很诧异：我为什么这么喜欢粮食学院？

我当时也有些困惑，母亲为什么要我去读粮食学校。

在我收到录取通知书后、准备去上大学之前，母亲可能觉察到我的担心与困惑，于是她又鼓励我说："你就放心去读吧。你看咱村 8 队（我家是 6 队的）里有个孩子考上了郑州粮食学院，毕业后直接分到省里的粮食厅工作，已经领国家工资了。你大学毕业后，如果分配得好的话，可以进县里或市里的国家粮食机关工作。如果分配不好的话，你就老老实实回到乡镇粮站工作，每年'双抢'时还可以帮到家里干农活。"

听母亲一席话，我终于明白了母亲让我读粮食学校的理由。她觉得我做与粮食相关的工作，不仅确保自己有饭吃，全家人的温饱也有了保障。正是："民以食为天。"

求学之路：努力奋斗，迎难而上

1991 年 9 月，我直接被第一志愿的大学录取，我从湖南南县兴奋地来到了湖北武汉，进入武汉粮食工业学院（现武汉轻工大学）食品机械系学习机械设计与制造专业。

第一，勤俭养德，求学不辍

我从农村到城市、从中学到大学，学费和伙食费等各项开支要高得多，每次开学前为了筹学费，父亲和母亲基本就是通过卖粮食、卖猪仔、卖土特产等方式全力支持我读大学。

我从小生活在农村，几乎什么苦都吃过了，上大学这点苦就不算什么了。小时候，我跟着父亲、母亲干了很多农活，知道什么叫作“一分耕耘，一分收获”。在我家的公粮被偷之后，母亲靠着坚韧不拔的精神带领全家渡过难关，甚至想到了讨孝米这种奇特的方式。可见，方法总比困难多。我既然来到城里读大学，就要像母亲那样积极想办法坚持下去。我当时想到坚持读完大学的方法，就是一边勤俭节约，一边争取奖学金。每到寒暑假，我就抽空勤工俭学，如帮一些商家派发传单等。另外，在周末的时候我一有机会就去做家教老师，并获得一些收入。在大学里为了节省花费、给家里减轻负担，我的吃穿用度很节俭，大学期间我很少买衣服，对吃饭也不讲究，周末也不会到处乱逛，而是在教室里专心学习。

我努力学习一段时间之后，我发现老师对我的肯定特别多。后来听老师说，在那一届新生中几乎没有几个学生像我这样喜欢粮食学校的，他们常常是未被第一志愿录取，因填了服从分配或调剂而分到武汉粮食学院的。我被老师作为重点培养的对象，因为我的所有志愿都写着粮食学院。

我当时并不知道除了粮食学院还有其他大学。我在武汉粮食工业学院里面学了几个月之后，开始去武汉不同的大学里了解高中同学他们的专业与课程。我先后去武汉大学、武汉水利大学、武汉空军雷达学院等。大学里有一些课程是开放的，我一有机会就进去听一听。

在听了不同大学的不同专业课后，我才知道原来全国有这么多大学、有这么多专业，人们用尽一生都不可能学完，所以我只能专攻某一领域，才能在有限的时间里创造更大的价值。正是：“闻道有先后，术业有专攻。”

于是，我开始聚焦学习、专注研究我的专业——食品机械设计与制造。

不论寒来暑往、刮风下雨，我都自觉主动地去学习科学文化知识，大学期间我几乎每天都是宿舍、教室、图书馆三点一线，雷打不动。

因为我不用调节心理，我内心就很喜欢粮食学院及其专业。我不像有些学生那样，因为高考不理想，委曲求全上了粮食学院，他们老想着打退堂鼓回去复读，以便考上更好的大学。

在一些同学还在调整心态、犹豫徘徊的时候，我已经投入专业学习当中去，并取得了好成绩、拿了奖学金，为家里减轻负担。正是："轻舟已过万重山。"

第二，迎难而上，帮助同学

由于我的学习很投入，而且我与老师、同学之间的关系都很好，所以辅导员老师推选我做班长。

我发现当了班长后，不仅要搞好自己的学习，还要管理好班上的事情。可是我从来没有做过班长，没有经验，怎么办？想想我母亲也没有读过书，却能把一家人的劳作安排得很好，把农活干得很漂亮，基本不违农时，母亲所用的方法就是模仿创新，她自己不懂做的事情她就看别的村民怎么做，然后回家教我们怎么做，有时还会结合家里的情况进行一些特殊安排。

于是，我开始运用母亲的方法去克服管理的难题，我一边看一些管理类的书，一边去其他班学习，看其他班长是怎么说话、怎么组织同学、管理同学的。通过模仿创新，我不断增强了组织能力与管理能力。后来，我还当选系学生会主席，成功举办从系到院的辩论赛。

在做班干部和学生会干部期间，我经常配合院系老师开展各种学生工作，认真做好通知、文件的上传下达及管理工作。在生活上，我经常关爱同学、策划与组织各种活动，想方设法让同学之间相处得更加和睦。在学习上，我还协助一些考试挂科的同学努力达到及格，顺利毕业。

通过迎难而上、帮助同学，我的组织策划能力、处理问题能力、沟通协调能力和综合分析能力等方面都得到了锻炼。

第三，关心农民，调查农村

除了钻研粮食专业，我还关心农民、情系农村，积极参与院系里的社会实践活动，进一步拓宽了自己的视野。

1992 年寒假，我深入湖南南县农村调查农民状况。当时，我就在村里挨家挨户地调查走访。我问他们：家里承包多少亩土地，一年收多少斤稻谷，要交多少斤公粮，养多少只牛羊猪鸡鸭，一年的总收入有多少，总开支有多少……

通过调查与分析这些数据，我发现一个重要的问题，农民每年水稻的收成时好时坏，但交公粮的斤数却是铁定不变的。

水稻歉收的原因有很多，包括因家庭成员身体健康问题、错过季节时间、当年气候不好、施肥不当、喷洒农药的药量不足、引水灌田的时间不对等。

农民一年一系列的操作下来，总有一两处地方没做好，所以每年都处于入不敷出的状态。遇到风调雨顺的时候，农民的生活还可以继续。如果遇到收成不好，全家人连吃饭都成问题。

虽然每家每户的困难都不同，但是每家每户都有土地，农民从心里都很感恩国家的新政策，让耕者有其田，让农民成了土地的主人，因为农民有了土地就有了安身立命的基础，就有春华秋实的希望。

很多农民像我母亲一样，也靠着坚韧不拔的精神渡过了难关。但是也有一些农民也开始徘徊，到底是继续在农村耕作，还是要进城打工？

根据这些情况，我撰写了调查报告《徘徊的农村——访湖南南县某村》，该调查报告凭借“翔实的数据、客观的分析、真实的报告”获得了学院特等奖。

智慧行动

当年，我母亲靠着坚韧不拔、穷则思变的精神带领全家渡过难关。在家庭教育中，父母们也会遇到各种各样的难题，这时，父母需要运用高情商智慧进行化解，或及时想办法找到情商智慧高的人求助。

孩子离家出走，父母怎么办？

我们先来看一个案例。

有一个高中生，叫马强（化名），他从高一开始就立下志向，非清华、北大不读。高考的时候，马强的成绩上了本科线，但是他填报的清华、北大都没有录取他，只有一家不知名的本科院校给他发来了录取通知书。马强没有考上他理想中的清华、北大，却拿着其他大学的录取通知书回家，心里很失落、生气、不甘心，三年来，自己付出十二分的努力，却得不到理想的结果。

马强对父母说："这个不知名的大学我是不去读的，我要复读，非清华、北大不读。"

马强的父亲生气地说："哪里有考上大学还不去读的道理，不去读的话那这三年的高中不是白读了，钱不是白花了！"

马强的母亲也说："儿子，要懂得走一步算一步，今年考上了普通大学先去读，等四年后普通大学毕业了还是可以考北大、清华的研究生的嘛。如果你复读一年，也不一定能考上清华、北大呀，你担心一年，我和你爸也跟着你担心一年。不如见好就收，先读普通大学，以后再从长计议。"

马强原本心情就不好，又听父母劝他去读自己不喜欢的大学，还啰里啰唆讲一堆大道理，就生气地说："反正我不去读这个垃圾大学，我也不想听你们说这些大道理，现在我要出去走走。"

马强说完拿着手机甩门而去。马强的父母亲以为马强在说气话，他没有吃午饭，等他饿了自然会回来。

没想到，马强上午 11 点钟离家出走，下午就一直没回来。夜幕降临，看着饭桌边那个空荡荡的座椅，那原本是儿子马强坐的地方，马强的父母亲开始紧张起来。他们拿出通讯录给所有亲戚、朋友、马强的老师、马强的同学及其家长打电话，询问马强的下落。结果没有一点马强的消息，马强的父母只好组织亲戚、朋友上街去四处寻找，结果还是一无所获……

孩子离家出走，父母怎么办？一般情况下，孩子“失踪”24 小时之后才能到公安机关报案。很多父母根本等不了这么长时间，生怕孩子出事。

第一，孩子离家出走的原因：逃离痛苦、追求快乐

孩子离家出走之后，父母不要慌乱，更不能为了找孩子把自己陷入更加危险的状态中。父母需要冷静思考，孩子为什么离家出走，他们的心理原因是什么。

所有人（包括孩子）都会追求快乐、追求自由，逃离痛苦、逃离压抑。孩子离家出走，就是现在的家庭让他们产生了痛苦、压抑、怨恨，所以他们要找一个更快乐或更自由的地方。

故事中的马强考不上理想的大学，心中十分不甘心，父母没有聆听他、理解他，反而劝他去读他不喜欢的普通大学。结果，马强心里“痛上加痛”，最后离家出走，逃离痛苦，去追求他的快乐空间。

第二，知道孩子去哪，温和而坚持的“我状况”表达

孩子离家出走后，父母应及时反思，赶快调整自己的情绪，需要靠顽强的意志、坚韧不拔的精神渡过难关。

父母调整好自己的情绪后，可以进行温和而坚持的“我状况”表达，这在神奇的四方格里面是处在父母困惑区。

“我状况”表达包括三步：第一步，描述行为；第二步，表达影响；第三步，表达感受。

孩子离家出走一般有两种情况，一种是父母知道孩子去了哪里，另一种是父母不知道孩子去了哪里。

父母知道孩子去了哪里，又分两种情况，一种是孩子去了具体的安全的地方。比如，去了同学家或者亲戚家。

这时，父母主要做的事情就是与孩子保持联系。故事中，如果马强的父母与马强的联系方式是通的，父母可以打电话给孩子，表达“爸爸妈妈永远爱你”。

如果联系不中断的话，父母可以每隔 5 分钟，温和而坚持地反复进行“我状况”表达。直到孩子的良知升起，孩子最终会回家。因为，生命的本质是向上向善的，没有哪个孩子天生自甘堕落、自暴自弃。

另一种是父母知道孩子的去向，但那里是个不安全的地方。比如，孩子去唱 KTV、去网吧玩游戏、去河边玩耍等。

这些地方人多事杂，很容易出现安全问题。这种情况，我一般建议父母每隔 5 分钟给孩子发一次信息，通过温和而坚持的“我状况”表达，让孩子重新与父母建立正常的连接。

父母通过信息，可以表达自己的关心、担心、无条件的爱，然后温和而坚持地提醒孩子注意安全。自己在家里等着孩子，不去干扰孩子，让孩子感受到父母对自己的爱，也会反思自己不足的地方，并自觉从内而外改变自己，最后自觉回家。

如果父母对孩子干扰太多，甚至跑过去教训孩子，让孩子在同龄人中失去尊严的话，对于处于青春叛逆期的孩子，可能会造成更加严重的后果，此时此刻就更加需要父母的智慧和定力。

第三，不知道孩子去哪，温和而坚持表达无条件的爱

如果孩子离家出走了，但是父母不知道孩子去哪。比如，孩子私自出门，一下子联系不到，手机关机、微信屏蔽拉黑等，这种情况会更加危险。家长应尽可能调动资源，如向孩子的老师同学、亲朋好友打听孩子的下落。

故事中，马强的父母知道孩子带着手机出门，于是，我就协助马强的母亲编几条微信。

第一条微信：“孩子，你从 11 点钟离开家里，妈妈不知道你现在去了哪个地方，妈妈真的很担心啊。真的，你如果能够把你现在的位置告诉妈妈，妈妈就会放心。始终爱你的妈妈！”

五分钟后，马强母亲又编辑发送第二条微信：“今天在家里我反思了，我自己跟你沟通的时候，我讲话的方式真的让你非常难受，看得出来你没有考到

你理想的大学肯定有些失落、有些失望，或者有一些不开心，妈妈没有看到这一点，还在跟你讲很多道理，或者教育你，我觉得这一点肯定让你非常难受，真的很抱歉，妈妈也在学习和改变之中。始终爱你的妈妈！”

五分钟后，马强母亲又编辑发送第三条微信：“孩子，现在已经到吃饭时间，你记得找一个比较好一点的餐馆，既干净又卫生又安静，这样的话妈妈就比较放心一点。始终爱你的爸爸妈妈！”

五分钟后，又编辑发送第四条微信：“孩子，没关系，如果你难受就到外面去走一走，去散散心，妈妈是可以理解的。今天晚上，一定要住个四星或五星级的酒店，这样又干净又卫生，妈妈就放心。妈妈在微信上转钱给你。始终爱你的妈妈！”

后面，很神奇的事情发生了。孩子回了微信：“你别担心了，我等下就回家吃饭。”

马强的母亲收到微信后不到半个小时，马强就回到家了。马强的父母不再提之前的事了，孩子长大了就让孩子自己决定吧。

如果孩子彻底失联了，父母可以发动所有亲戚朋友的力量去寻找孩子，如果亲戚朋友找到了孩子，也要温和而坚持地表达父母对孩子无条件的爱。如果孩子“失踪”24 小时之后，父母可以到公安机关报案，请求他们的帮助。

如果孩子找回来了，高情商的智慧父母，也要持续温和而坚持地向孩子表达自己的感受、期待、谅解和无条件的爱。父母需要靠顽强的意志渡过难关，不能孩子一回来就翻脸不认人，责骂孩子。父母通过温和而坚持地表达对孩子的爱，让孩子觉得父母真的改变了，可以跟父母进行心灵的沟通，家里也变得更加温暖、更加包容。孩子“离家出走”的危机，最终变成父母与孩子各自成长的机会，变成亲子之间彼此滋养的机会。

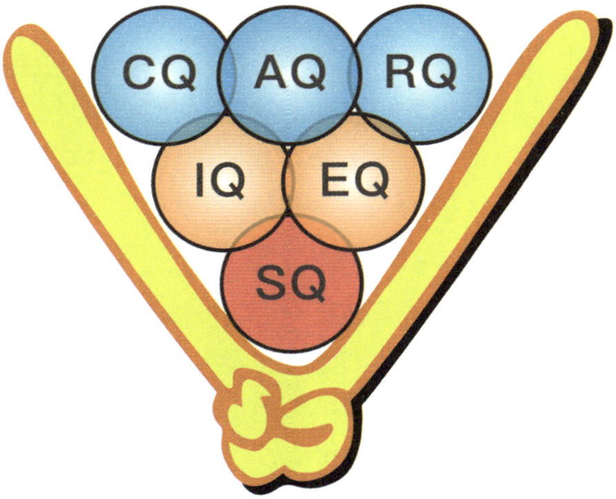

智慧导图:《6Q 人才成长 V 模型》

解释:在《6Q 人才成长 V 模型》中,最下面一层是 SQ 灵性商数,是核心,它是孩子成功、成才的基石,要求孩子与大自然、与众人进行广泛的连接,做到充满爱与感恩、信念坚定、胸怀广阔。再往上发展到第二层,从左到右排列,先是发展 IQ,再补全 EQ,这是孩子发展的第二个阶段,是关键,要求做到学校教育与家庭教育的有机结合。IQ 智力商数要求孩子领导有力、科学智慧;EQ 情感商数要求孩子情感丰富、自信自控。再往上发展到第三层,是呈现,从左到右排列,先要有 CQ 创造力商数,再发展 AQ 逆境商数,最后实现 RQ 资源商数。CQ 要求孩子创意创新、奇思妙想;AQ 要求孩子意志坚强、愿景清晰;RQ 要求孩子拥有收集资源、利用资源、统筹资源的能力。普通孩子经过这 3 个层次 6 个 Q 循序渐进、和谐均衡的发展,最终成长为自我生命力充分绽放、造福人民、造福社会、造福国家的 6Q 和谐圆满人才。

6Q 案例

单亲妈妈抚养孩子，如何面对各种挑战？

我们先来看一个 6Q 的案例。

一位妈妈秀妍（化名）与丈夫离婚之后，一个人独立抚养未成年的儿子，结果遇到了各种各样的挑战，包括家庭经济紧张、自身情感孤独、孩子父爱的缺失等。

秀妍内心充满了抱怨、愤怒、困惑、挫败感等多种情绪，在家里郁郁寡欢，孩子因此受了很大的影响，从原来与人和睦相处的阳光少年变成了到处惹是生非的“问题少年”，母子之间也爆发了很大的冲突，孩子不愿意跟她住在一起，要到爸爸那里去。但前夫已经组建了新家庭，新的家庭成员对孩子的到来也有很多情绪。

每次，秀妍去前任丈夫那里要回孩子，他们就在孩子面前相互指责对方。在这种情况下，孩子只能在两个家庭之间来回跑，哪边有压力就逃到另一边。

在和孩子相处时，秀妍和前夫都想体现自己的价值，千方百计想要讨好孩子，但只是满足孩子的外在物质需求，却忽略了孩子的内在心理建设。结果，孩子变得越来越孤僻，情绪波动大，感觉自己是游走在两个家庭之间的“多余人”。后来，孩子沉迷于网络，不愿上学了。

孩子出了一系列的问题，秀妍与前夫除了相互指责之外，也没有什么好办法。

秀妍在朋友的推荐下参加了“高 EQ 智慧父母”一阶、二阶的学习，增长了 6Q 智慧。秀妍通过“宝山探索”，了解了自己的原生家庭，了解了自己的天生气质，了解男女之间的区别，也了解了平日“情感存款”很重要，也懂得运用“四方格”的方法与孩子、与前夫进行沟通。

面对单独抚养孩子面临的各种挑战，我给秀妍支了几招。

第一，通过幸福“三化”，体验自己的幸福感

“人生幸福三化”就是：正向的自我显化，负向的自我转化，美好的自我内化。“人生痛苦三化”就是：正向的自我淡化，负向的自我激化，“三输”的自我泛化。

真正幸福的人，他们把美好的事情去显化，就是把过去好的事情经常讲。有句话叫“美好的事情讲得越多，生活就越来越美好”。同时，他们懂得把对自己有伤害的事转化为自己成长的力量和资源，还会把良好的成长经验内化到自己的生命里。从无条件爱自己开始，美好的新生活、新人生就开始了。

人们为什么会痛苦？因为好事情他们不记得、不讲了，反倒痛苦的事情经常被激发。

我建议秀妍每天对着镜子说“6Q四金句”：“我爱我自己！我欣赏我自己！我接纳我自己！我相信我自己会越来越好！”建议她经常想着自己有可爱的孩子、美丽的容颜、优雅的气质、是真正当家作主的人、周围又有那么多关心她支持她的亲戚与朋友。此后，秀妍天天都在激励自己，给自己补充正能量，同时想着很多美好的事情，内心的负面情绪越来越少，人生开始变得富足和喜悦。秀妍通过坚持不懈地“幸福三化”，体验到自己的幸福感！

第二，发挥优势重返职场，解决经济问题

面对家庭经济紧张，我建议秀妍发挥自己过往的优势，重返职场，可以找时间相对自由的职业，一方面可以解决经济问题，另一方面也可以腾出时间来照顾孩子。秀妍可能不需要像以前那样追求精致的生活，不需要活给别人看、活给前夫看，只需要活给自己看就可以了，她可以一边照顾好自己，一边给孩子基本的生活保障，再加上无条件地爱孩子就够了。

第三，请周围的男性亲属来弥补缺失的父爱

在孩子成长过程中，如果缺失父爱、缺失男性力量，可能会对孩子的性格产生影响。这时，单亲妈妈可以请孩子的舅舅、叔叔、爷爷、外公等常来陪伴孩子，弥补一部分缺失的父爱。

反过来，如果是单亲爸爸带孩子的话，做法也一样，可以请周围的女性亲属来多照看孩子，来弥补缺失的母爱，这样对孩子的心理建设很有帮助。

在听取我的建议之后，秀妍找到了一份上班时间相对自由的销售工作，生活回归正轨，整个人也越来越精神。秀妍还请孩子的舅舅来照顾孩子，孩子的舅舅是游泳教练，一有时间就带孩子去游泳，结果孩子学会了游泳，不再沉迷网络，变得越来越阳光自信，也愿意上学了。

第四，重新找到情感归宿，开启更高质量的婚姻生活

单亲单独抚养孩子，需要很多勇气，有时候既当爹又当娘，需要坚韧不拔的精神和付出超过常人的努力才能撑起一片天！如果遇到更好的人，可以重新寻找情感归宿，开启更高质量的婚姻生活。当然，不论是重新组建家庭，还是复婚，都要听取孩子的意见，因为通过各方的三赢沟通，有助于新家庭的幸福和稳定，有助于孩子的身心健康发展。

综上：在艰难的岁月里，我母亲带领全家渡过难关，足见母亲是智慧而伟大的。作为农村家庭走出来的大学生，我的求学之路困难重重，但我积极运用母亲的智慧，学会自我调节情绪、努力奋斗、迎难而上，不仅自己学有所成，还帮助同学们成长；我身上具有湖南人的性格特征：“恰得苦、耐得烦、不怕死、霸得蛮”。毕业后，我主动学习教育学、心理学、哲学等方面的知识，将机械设计的精密逻辑与图像化语言运用到家庭教育中。我在研究中发现了现代人6Q不和谐的问题，由此开创了6Q教育事业；只要认定方向，我就会专注、坚持不懈地做下去，遇到困难就想办法克服，越挫越勇。后来，我将母亲坚韧不拔的精神转变成温和而坚持的力量，协助其他父母解决亲子矛盾、婚姻矛盾等一系列家庭问题。

★孩子厌学的本质原因是：孩子内在力量不足，也就是非智力因素没有发展起来。

★苦难是人生的老师，不幸是最好的大学。

★智慧父母种下善『因』，孩子这棵果树自然会结出好『果』子。

第6件事

我休学一年

——妈妈智慧开导

导语：子曰，学而时习之，不亦说乎。古代圣贤在读书时通过温习与实践，就能获得新知、自得其乐、快乐无比，这是一种乐学的理想状态。我读小学时，有一段时间很快乐地学习，因为我的数学很好，得到很多表扬。等我上初二时，就开始厌学了，整天想逃离教室，不想被老师点名催缴学费，也不想被同学们笑话。我和母亲沟通后，母亲既没有逼我回学校，也没有让我放任自流，而是选择了平等、尊重地与我沟通。母亲通过聆听我内心的真实想法，理解与尊重我的决定，先让我的情绪稳定下来。同时，母亲没有放松对我的智慧开导与训练；当学校教育暂停后，母亲的“家庭教育”启动了，她通过安排我日夜不停地干农活，让我真正体验了农村的生活、农民的辛苦，同时让我的身体素质与心理素质获得均衡发展，让我的身心灵更加和谐，让我的生命更加绽放。

真情回放

在学校里，孩子如果没有学习目标，就没有学习动力；没有学习动力，就没有学习效果。当孩子学习状态不佳时，如果父母没有给孩子及时加油打气、没有给孩子内心注入新的力量，那么孩子就可能从乐学变成厌学，从厌学变成休学，再从休学变成弃学。我也有休学的经历，所以有很深刻的体会。

这里，分享智慧妈妈第六件真实的事。

母亲对我休学后的“特殊安排”

“丁零零……”放学的铃声响彻整个校园，几只鸟儿被吓得飞离树枝，几片树叶旋转着飘落下来。

在初二教室里，班主任老师收拾完教案、教具准备离开时，又突然补充：“上个学期还没缴学费的同学站起来。”上个学期，我家没有钱交10块钱的学杂费，所以我只能在众目睽睽之下硬着头皮站起来。我环顾教室一周，发现跟我一起站起来的，还有其他4名垂头丧气的同学。

班主任老师又说：“你们放学后，留下来，我有事跟你们谈。”

其他孩子都背着书包，高高兴兴地回家去了，就剩我和4名同学忐忑不安地留在教室里。

班主任老师说：“你们欠了一个学期的学费该怎么办？现在学校出了新规定，你们要么尽快想办法补交，要么让父母到学校来一趟。”

我和那几个同学面面相觑，沉默不语……

当时，学校三令五申要求老师催学生缴学费，所以在开学后的第一周，班主任老师天天叫我们留下来谈话，我们渐渐烦躁起来。

初一时，我的学习成绩在班上属于中等水平，还没有什么厌学情绪。到了初二上学期，我就不想上学了，原因主要有两个。

第一个原因：就像前面描述的情形那样，由于我家里经济拮据，交不起学费，班主任老师总是叫我当着全班同学的面站起来，我觉得很丢人。每次班主任找我谈话，我都不知道怎么回答，因为我不知道家里什么时候能补交上学期的学费，更别说这个学期的学费了，没缴清学费，还可能领不到新课本。

第二个原因：那时我右眼长了个“麦粒肿”（睑腺炎）。在湖南农村有一种说法，小孩如果看了不该看的东西，眼睛就会长“麦粒肿”。很多男生都嘲笑我看了不该看的东西，我不停地辩解：“我没有。”上课时，我用手捂住右眼，只用左眼看黑板。下课后，我也用手捂住右眼，躲避同学们的围观。没想到，有些调皮的男生居然强行扒开我的手，然后大声取笑我：“哈哈，你的眼睛肯定是看了不该看的东西，羞不羞？”同学们这种“恶意中伤”的言行，让我这个十二岁的少年感到非常尴尬、羞耻、难受与冤枉。

我坚持上了一周的课，心里积累了很多负面情绪，再也受不了。

第二周的周一，我鼓起勇气跟母亲说：“我不上学了。”

母亲平静地问：“为什么？”

我就把第一个原因说了：“上个学期的学费都没交，这个学期又没交，没钱读什么书？”至于第二个原因，我不敢说。

听我这么说，母亲平静地说：“你想清楚了？真的不想上学吗？”

我斩钉截铁地说：“想清楚了，我真的不想上学。”

母亲看我一眼说：“不想上学，那就不上吧。家里有 14 亩田地，正好缺人手，你就在家帮忙干活吧。”

我心里松了一口气，高兴地说：“我宁愿下地干农活，也不去上学。”

后来，母亲跟班主任老师打了招呼，我就开始休学了。

自从休学后，母亲给我做了“特殊安排”，从早到晚都安排得满满的。

比如：早上起床后就开始干活，事情做完后，再回来吃早饭；吃完早饭后，母亲立刻给我安排上午要做的事；中午吃完饭，休息一下，母亲又告诉我下午要做什么，就连晚上都有活干……

有一天上午，我跟着母亲去摘棉桃。

我站在自家的棉花田前，发现棉花田被分为几块，每块地种有两排棉花树，棉花树枝叶交错，每棵棉花树有多个枝丫，每个枝丫挂着几朵棉桃，有些棉桃已经绽开了雪白的棉花。

我穿进棉花田里，一手扶着棉枝，一手把开裂吐絮的棉桃收到袋子里。

我跟着母亲去摘棉桃

我摘了一天的棉桃，晚上回家刚想休息一下，母亲又安排我剥棉花。原来，母亲为了提高我干活的速度，她把棉桃摘回来了。于是，我把棉桃一个一个剥开，把棉絮、棉壳与棉花分离。我一直忙到深夜还没有剥完……

几天之后，农活忙完了，我以为可以到田野里玩耍了，结果又被母亲安排去干其他活。

我想等到下雨天应该没什么农活干了吧，谁知道到了下雨天，母亲也安排很多事情给我做。

母亲叫我拿出一些米浸泡，然后拿去磨，她要做米豆腐给全家人吃。我使出浑身的力气推动着巨大的石磨，一圈又一圈，推得腰酸背痛。

我虽然有些抵触情绪，但想到自己是主动休学来干农活的，只能自己默默地承受。

有一天，碧空万里，凉风习习，我干活很麻利，把母亲吩咐的农活全部干完了，我想应该没活干了。我刚坐下休息一会，母亲就说："你去割青草浸到田里做肥料吧。"

我只好拿着镰刀去田埂、沟渠等地方找到青草，把它们齐根割掉放到箩筐里，再用扁担挑到田里去。我在田里挖一个坑，把青草放到里面去，再盖上泥巴、浸入水中。为什么要这样做呢？因为我家里没有钱买化肥，只能堆肥、沤肥，利用青草等有机物质与泥土在淹水条件下，由微生物分解成肥料。

休学后，我发现每天都有活干，根本没有时间玩。如果我要出去玩，母亲就会跟我讲清楚：我可以出去玩多长时间，什么时候一定要回来。如果我没有按照约定的时间回来，母亲就会站在我家窄小的屋前平地上，不断高喊我的名字，一直把我喊回来为止。

就这样，我休学干农活几个月后，终于迎来了人生的转折点。

5 月的一天，父亲请了一位 40 多岁的兽医来阉公鸡。

兽医把工具箱打开，拿出手术刀，在阉割公鸡时，它的爪子蹬来蹬去，我就跑过去帮他抓鸡腿，不让它动弹。

兽医好奇地问我："小朋友，今天是星期三，你怎么不去上学呀？"

我说："我家田地太多，要干农活。"

兽医瞪着眼睛，非常吃惊地说："你傻啊。干农活是全家的事，读书是你自己的事。读书对自己一辈子都有好处，你这么小还不赶快回学校好好读书。"

兽医这番话犹如电击般刺激了我的大脑，让我如梦初醒：我要读书。

我马上跑去跟母亲说："我想去读书。"

母亲认真地问："你真的想读书吗？"

我说："我真的很想去上学了。"

母亲开心地说："好吧，你9月就去上学吧。"

我开心得手舞足蹈起来。

接着，母亲拉着我的手，先让我摸她手上厚厚的老茧，她反过来摸着我手上的茧说："良妹子，这几个月跟着妈妈干活，可把你累坏了，手上像妈妈的手一样也长出茧来了。做农民是很辛苦的，妈妈希望你努力读书走出农村去，现在你也体验到了农民生活的不易，应该更加珍惜上学的机会。以后你读书开小差时，就想想妈妈手上这些老茧，再想想自己跟家人一起劳作的情形，你学习就更有动力了。"

我听了母亲的话，一边点头，一边暗暗发誓：我复学后一定要努力学习，不让母亲失望。

到七八月的时候，我和父亲去交公粮，结果公粮又被偷了，全家人的生活陷入困境。母亲已经答应让我回学校上学，所以她一边找人做担保，一边借贷款筹学费。

到了9月1日，我终于能重新回到学校上学。

当我重返熟悉的课堂，坐在课桌前触摸着课本、闻着书香、听着老师讲课时，心中感到既兴奋又激动，此前那些厌学的情绪全部烟消云散了。

我学习的目标更加清晰了，我要跳出农门。我学习的动力也很充足，因为没有哪一门功课的学习比干农活还要累的。有了目标和动力之后，我的学习效果马上显露出来了。

初一的时候，我的成绩属于中等水平；重新读初二的时候，我的成绩就变成了中等偏上；到了初三的时候，学习稳步提升；高一第二学期期终考试，我的成绩位列班级第一、全校第六。

当今社会，大多数孩子家里不愁吃、不愁穿，也不愁学杂费，为什么孩子还是会厌学？以我个人的经历分析，孩子可能在学校里受了委屈，心中积聚太多的负面情绪。孩子心累了，导致什么都不想干，什么都不想学。

智慧导图:《6Q 人卡通图》

解释：人体包含6个主要部分——头、躯体、双手、双腿，这6个部分与6Q智慧有对应关系。双腿对应人生路上做事的IQ（智力商数）与做人的EQ（情感商数）；右手常常代表拥有较多资源的RQ（资源管理商数），左手往往是CQ（创造力商数）的象征；躯体是一个正能量提供系统，正能量越多，人生路走得越远，结果AQ（逆境商数）越来越高；头部影响自己的眼界与格局，代表着SQ（灵性商数）。当一个人身体的六部分平衡配合，他的路会走得很顺、很远、很轻松。同理，一个人的6Q和谐，他的人生路会走得很成功、很幸福、很有意义。经过20多年的研究与实践表明：当青少年德（SQ）、智（IQ）、体（AQ）、美（CQ）、劳（RQ）、情（EQ）六个Q全面和谐发展时，其状态会越来越好。当年，我休学后，母亲给我安排了大量的劳动，训练了我除了IQ之外的5个Q，为我后来的成长成才奠定了坚实基础。

感恩影响

孩子厌学的真正原因是什么?

近年来，厌学、失学的孩子越来越多。针对这么多孩子出现厌学的现象，如经常旷课、注意力不集中、不做作业、对学习无兴趣、消极对待学习等，据我分析，其中的原因有三点。

第一，内在力量不足，身体能量严重透支

一般认为，孩子厌学的原因包括外因和内因。外因是：家长期望过高、教育方法不当、老师态度生硬、学校不良风气影响等。内因是：孩子学习目的不明确、自控力差、好吃懒学等。

其实，这些分析都停留在表层的现象，没有深入孩子的内心去抓住本质。

孩子厌学的本质原因是：孩子内在力量不足，也就是非智力因素（除 IQ 外的其他 5Q）没有发展起来。

孩子不想上学，不是他们智力有问题、不想上进、不想成绩好，而是孩子内心的正能量被透支了，智力与非智力因素发展不协调。

很多父母不懂得这个本质原因，还以为老师教得不好或者是孩子爱偷懒，一方面很少给孩子的内心加油、注入正能量；另一方面，对孩子的学习要求越来越高，天天绞尽脑汁要给孩子补课。

结果，孩子的正能量一直透支，最后内心没有力量，身体也扛不住了。这时，孩子不想去上学，不想离开自己的房间，其实是孩子在保护自己，不想让自己继续透支。

第二，非智力因素发展滞后，智力因素停摆

如果孩子非智力因素不发展，往往会导致智力因素停摆。

我创立 6Q 教育体系后，开始用 6Q 和谐发展的理论辅导很多孩子重返学校。

我还得出这样的结论：如果孩子的智力水平发展快于非智力水平，那孩子迟早出问题；如果孩子的非智力水平发展快于智力水平，那孩子的将来一定会越来越好。

父母要提高孩子们的非智力水平，可以增强他们心中的正能量、协助他们处理好人际关系、开发他们的创造力、增强他们的意志力、训练他们的体能等。

现在一个孩子从接受学前教育到上大学，一般要读 19 年的书，这是一场旷日持久的“马拉松比赛”，没有坚强的意志与良好的体能是无法完成的。

当年，我上到初二就坚持不下去了。幸运的是，母亲不仅同意我休学，还通过劳动让我实现了 6Q 的和谐圆满发展。

（1）我天天劳动，让我的身体素质非常好，RQ 高。

（2）我天天与大自然、土壤、植物等相连接，SQ 高。

（3）我常常与父母一同劳动，他们给我分享他们的成长故事及生活经验，让我 EQ 提高不少。

（4）我为了尽快完成一项劳动任务，经常想出很多不同的方法，CQ 也提升了。

（5）在劳动中，我常给自己定目标，在什么时间之内做完多少农活。如割水稻时我常常激励自己，不把这 50 平方米的稻子收割完绝不伸腰，AQ 也渐渐提升了。

我发现我母亲简直是天生的心理学专家，她通过智慧的劳动，让我的非智力素养获得了全面提升。

可见，一年的劳动不仅完善了我自己，也启发我创造了 6Q 体系。

第三，孩子的学习没有连接到生命的本质

生命的本质是向上向善的、喜悦创造的、绽放和谐的，几乎所有孩子都是追求上进的、喜欢学习的。孩子的学习没有动力，主要是没有连接生命的本质。

我重返校园后，为什么能够拼命地学习，是因为我把学习的动力与生命的本质连接起来了。

那个兽医的话，让我开始对自己的人生发展负责。还有，大哥刘中阳也经常鼓励我：“万般皆下品，唯有读书高。”“苦难是人生的老师，不幸是最好的大学。”

于是，我开始规划人生、永不言弃，农村生活太苦太累、农活周而复始永远干不完，我要把握青春不负韶华，通过读书闯出一条新路子、一种新活法。就这样，我把求学、求出路的渴望与生命向上向善的本质打通了，所以我学习的动力很足。

智慧行动

让孩子赢在起跑线，真正的意思是什么？

很多家长在找我做心理辅导时，经常问我怎样做才能让孩子赢在起跑线，怎样做才能提高孩子的学习成绩？可以说，我创办6Q教育这么多年，更多时间是在研究让孩子人生可持续发展的“道”，而不只是研究提高学习成绩的“术”。这个“道”就是要实现6Q（身、心、灵）和谐发展，让孩子的智力因素与非智力因素均衡发展。

让孩子赢在起跑线，真正的意思包括以下三个方面。

第一，提升内在素质，提高非智力因素

平常我十分注重提高自己孩子的非智力因素，及时给孩子补充身体营养与心灵营养。结果，我的孩子在小学时学习成绩一般，到了初中、高中时，孩子

的学习成绩却变得越来越好，很多时候不用我操心，因为她自己找到了学习方法与学习动力。

反观有些父母，孩子在上小学时，学习成绩还算好。可是，父母为了赢在起跑线，为了让孩子的学习成绩越来越好，就利用所有周末与寒暑假的时间，疯狂补习。结果，孩子的身体既得不到锻炼，心理的负面情绪也越来越多。等到孩子上初中时成绩开始倒退，上高中时成绩已经很落后了，到读大学时孩子可能出心理问题了。

所以，面对孩子的成长，父母越淡定、越有远见，越能自觉地提升孩子的内在素质、发展孩子的非智力因素。孩子成绩不好，智慧父母不是直接找老师补习，而是给孩子补充心灵营养。这种做法看起来效果会慢一些，实际上是让孩子赢在下半场，因为孩子 6Q 和谐发展了，他们的人生路会越走越好。

让孩子赢在起跑线，不是赢在学习成绩，而是赢在发展孩子的非智力因素。比如通过专业化的训练，可以让孩子拥有良好的生活习惯和学习方法，拥有健康的身体和阳光的心态，拥有良好的口才和丰富的创意等。

第二，提高正能量与智慧，全面滋养孩子

孩子不想上学，相当于果树不结果。普通父母，可能会心急火燎地打点激素促进果实发育，常见的做法就是请名师或去知名机构搞一对一辅导，让孩子的好成绩、好果子能够快速长出来。

我觉得这种做法是治标不治本，短时间实施可能有点效果，长时间实施却是有害的，因为这种做法掩盖了孩子心灵营养不足的缺陷，错过了解决本质问题的时机。

佛家有句名言：“凡人求果，菩萨种因。”意思是，智慧高明的人十分注重播种“善因”，只要把树根与肥料准备好，就知道未来肯定能硕果累累。而普通人只会求取“果”，对于过程与原因视而不见，要等到树结果了才知道果子怎么样。

如果把孩子的成长当成是种苹果树的过程，普通父母只关注孩子的好成

绩、好果子，却不知道这个好成绩、好果子是怎么来的。

智慧的父母就不同了，他们会关注产出好成绩、好果子的真正原因，能够自觉提高自身的能量与智慧，全面滋养孩子，及时给孩子补充身体营养和心灵营养。智慧的父母善于进行过程管理，时刻关注孩子这棵果树长得怎么样、是不是树干健壮、是不是枝繁叶茂、有没有发达的根系，也关注孩子这棵果树下面的土壤有没有营养、要不要施加肥料……

当智慧父母种下这些“因”，那孩子这棵果树自然会结出好“果”。

第三，适当取舍，聚焦果枝剪去无用枝

果农在种苹果时，经常会进行剪枝与疏果这两个动作。剪枝，就是要剪去徒长枝、横生枝、交叉枝、重叠枝等阻碍果实发育的无用枝条，让苹果长出更多新枝。疏果，就是把一个枝头结得过密的苹果摘掉，这样做可以让果实长得比较大，产量也比较高。

同理，孩子学习也是一样的，父母要懂得聚焦，要从孩子的兴趣出发，发展孩子的个性与特长。如果父母什么都让孩子学，既加重孩子的负担，又会导致孩子厌学。

可以说，“无用枝”就是孩子的各种负面情绪，“果枝”就是6Q均衡发展，包括智力因素与非智力因素。当孩子出现厌学情绪、成绩每况愈下时，父母要懂得聚焦果枝，剪去无用枝，才能让孩子真正赢在起跑线。

品案例

在高情商智慧父母的眼中，孩子厌学是促进孩子健康和谐、可持续发展的机会。把握这个机会的关键在于父母要懂得转化的方法。

孩子厌学，怎样转化为可持续发展的机会？

这里，先分享一个孩子由厌学变为愿学的例子。

有个孩子叫小乐（化名），在上学期间因为种种原因出现了厌学情绪。父母一开始很紧张，因为他们不知道孩子厌学的真正原因。父母到处找人、找方法，绞尽脑汁想把孩子送回学校，可是孩子就是不愿上学，经常以“不吃饭”的方式对抗父母。最后，父母没有办法，给孩子办理了休学。

孩子在家休学期间对所有的事情都提不起兴趣，父母一度认为他有精神病或抑郁症。

后来，在其他家长的介绍下，小乐的母亲先后学习了“高EQ智慧父母”一阶、二阶的课程以及导师班学习修，提高了自己的情商智慧。小乐的母亲通过“亲子沟通四方格”“宝山探索”等新方法展开亲子沟通，让亲子关系越来越和谐。小乐休学一个学期，该玩的东西都玩过了，但他还是不愿回学校。好消息是，孩子与母亲的沟通顺畅了很多。

接着，小乐的父亲也学习了“高EQ智慧父母”一阶、二阶的课程。小乐的父母双双提高了情商智慧，拥有了化危为机的能力，开始帮助孩子改变。

放暑假的时候，小乐的父母送小乐参加了“青少年6Q领袖营”，参与了“EQ情感与合作”“AQ愿景与意志”等课程。结果，孩子懂得运用愿景的力量规划自己的人生、学会管理自己的情绪、学会自我激励与激励他人，内心向上向善的力量被充分调动起来了，最后小乐开开心心地重返学校，而且学习成绩很快提升上来。小乐初三第一学期休学中，而初三第二学期努力冲刺，考上了好高中。之后继续努力，成绩稳定在年级（1000多名学生）的前三名。

在以上例子中，孩子由厌学变为乐学，父母起到关键的作用。孩子内心没有力量了，母亲先学习提升自己内心的正能量，接着父亲也通过学习提升了自己内心的正能量，最后孩子也通过学习提升了自身的正能量。在这个过程中，全家人相互进行爱的传递，让大家的正能量持续提升，最终孩子有信心、有力量、有梦想，重返学校。

孩子厌学，父母和教师可以从以下四个方面化危为机。

第一，父母提高智慧，疏导孩子的负面情绪

疫情防控期间，很多孩子在家上网课，出现了一系列的问题，包括注意力不集中、学习能力下降、学习兴趣减少、学习效率降低、沉迷手机游戏、社交能力减弱等。再加上上网课时老师管理不直接、不及时，父母教育粗暴等原因，孩子的负面情绪越来越多。

当孩子的负面情绪积蓄到一定程度就会发泄出来，就像水坝超量蓄水，突然溃堤，一泻千里。当孩子被负面情绪裹挟时，会不分对象随意发泄，造成亲子关系、师生关系、同学关系紧张，导致学习和成长受到双重干扰。最后，孩子会出现厌学、休学、辍学、失学或隐形失学等现象。

其中，隐形失学的杀伤力是无法估量的。虽然孩子天天去学校，但是他们已经选择躺平了。无论老师、父母怎么努力，孩子的内心都毫无波澜，没有学习的动力，根本学不进去任何文化课。孩子天天就是装个样子呆坐在教室里，考试成绩也就几分、十几分、二三十分……总之就是不及格。孩子表面上是在上学，实际上心绪早已飞到九霄云外去了。

这时，父母要努力提高自己的情商智慧，才能及时疏导孩子的负面情绪。

疏导的主要方法包括：

（1）父母通过聆听、欣赏与自我欣赏调节负面情绪。先聆听孩子，让孩子表达出自己内心的真实感受；接着欣赏孩子，给孩子内心注入新的能量，启发孩子养成自我欣赏的习惯。

（2）父母通过快乐体验调节负面情绪。父母与孩子一起做快乐的事情，比如听歌、讲笑话、看电影等。

（3）父母通过运动调节负面情绪。当孩子情绪低落时，父母可以带孩子进行旅游、散步、跳绳、打球、游泳等活动。

第二，老师提高智慧，给学生补充心灵营养

孩子出现厌学情绪后，父母在家里要及时疏导他们的负面情绪，同时老师在学校也要给孩子补充心灵营养。

补充的方法就是开展启发式教学和深度教学，真正滋养孩子的生命。启发式教学的本质，就是要启发学生的思维，促使学生们生动活泼地学习。深度教学的本质，就是开展触及学生心灵深处的对话式教学，引导学生深度学习。这两种教学方式，比传统的“填鸭式”教学、应试教学，更能触及与感染学生的心灵，更能给孩子的心灵补充营养。

孩子成绩好，并不是“医治百病”的“神药”，只有孩子的非智力因素（其他 5Q）全面提高，再加上成绩（IQ）提高，才是可持续发展的。这种补充心灵营养的行为，也可以叫“磨刀”；学生在学校学习文化知识、收获各种成绩，就叫“砍柴”。寒暑假与周末，学生通过“磨刀”提升非智力因素，让学习的愿景更清晰，学习的方法更有创造性，学习的体魄更加强健，同学之间的合作更加融洽。“磨刀”后，学生不仅乐学，还能持续地学习，每个学年都是捷报频传、喜讯连连。正所谓：“磨刀不误砍柴工。”

第三，进行专业化的训练，让孩子体验人生

我休学时，母亲并没有怨天尤人，而是智慧地引领我去体验生活。我从事过大量的农活，知道哪种活比较轻松，哪种活比较累，哪种活比较紧急，哪种活可以等待，我体验了农村的酸甜苦辣，同时也提高了非智力因素。

后来，我运用了母亲的智慧去辅导很多孩子。当孩子厌学时，我就建议家长多带孩子去体验生活，去体验父母现在的生活、工作、职业，或者通过角色扮演的方式让孩子体验未来他们想要的生活。一番体验下来，很多孩子发现，没有哪一种工作比坐在教室学习更轻松，大部分孩子体验之后都会重返学校努力学习。

孩子厌学了，除了让孩子体验生活之外，学校、家庭、社会各方力量还要对其进行“三位一体”的专业化训练。其中，学校主要训练孩子的智商，关注

学习的状态；家庭主要训练孩子的情商，关注学习的心情；社会主要训练孩子的胸怀，关注学习的格局。通过这样"三位一体"的训练，孩子的6Q越来越和谐、身心灵越来越融洽，孩子的一生就能可持续发展。

后来，我研究出《6Q现代子女成长的关键图》，分析了遗传、家庭、学校、社会、网络、自我成长等6个因素对孩子成长的影响。

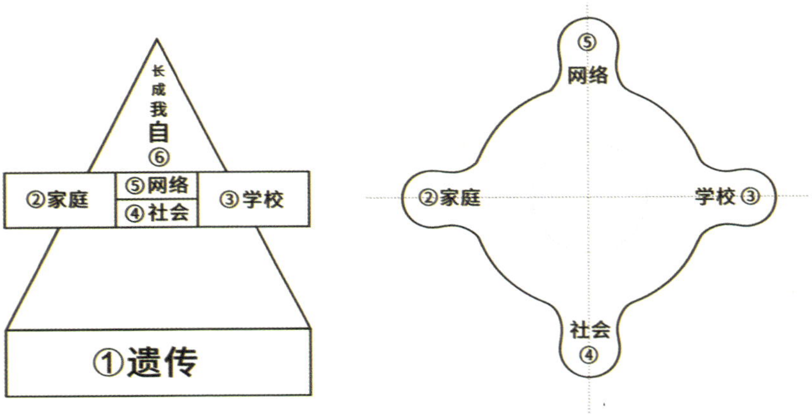

智慧导图:《6Q现代子女成长的关键图》

解释:《6Q现代子女成长的关键图》显示，影响孩子成长总共有6个因素。第一个因素：遗传。这个是无法改变的，比如孩子的血型、肤色等。第二个因素：家庭。在家庭里可以通过改变父母的教育方法、提高父母的情商与智慧来促进孩子的成长。第三个因素：学校。在学校里可以通过改变老师的教学方法、提高老师的情商智慧来引导孩子成长。第四个因素：现实社会。在现实社会里孩子可以通过专业机构的培训来实现改变。第五个因素：网络世界。在网络世界里，孩子可以自主搜索资料、自主学习，改变认知和行为模式。第六个因素：自我成长。在这个阶段，孩子经过学校、家庭、社会和网络“四位一体”的专业化训练，6Q和谐发展、智力因素与非智力因素均衡发展，人生就可以逐渐由被动到主动持续发展。

综上：除草的最好方法是种苹果树。种苹果树要种“因”，通过施肥、剪枝、疏果等过程管理给孩子内心注入正能量与营养。孩子厌学的本质原因：内在力量不足，也就是非智力因素（除IQ外其他5Q）没有协调发展起来。怎么办？部分普通父母没有经验、没有智慧及时处理孩子的厌学问题，引发很多悲剧。我母亲智慧的做法，就是通过夜以继日的“劳动课”训练我的非智力因素。最后，我把学习的动力与生命的本质连接起来，我要为自己的人生负责，我要让自己的生命绽放，所以我重返学校，开启“努力＋拼命”的学习模式。当孩子厌学时，父母不要病急乱投医，要努力将其转化为可持续发展的机会，父母要提升自身正能量，全面滋养孩子，要带领孩子参与专业化的训练，让孩子体验人生、6Q均衡发展，孩子内心有了力量，“厌学症”就会不攻自破。

★父母要修炼宽广的胸怀，要学会包容孩子、谅解孩子。

★父母善于聆听、发问与引导，能让孩子实现持续成长。

★父母通过学习修获得正向成长，再通过言传身教引领孩子成长。

第7件事

同学偷拿我的棉被

——妈妈宽以待人

导语：人非圣贤，孰能无过。孩子会犯错，父母也会犯错。亲子之间要相互提醒、相互宽容、相互关心，让对方的正能量升起，那么父母与孩子都会自主改变，获得成长。在亲子双方的喜悦互动中，亲子间的关系也会越来越好。智慧父母要胸怀大爱，懂得包容、体谅孩子，理解每个孩子都有犯错的可能，也要相信孩子有改正错误的能力。读高中那年，我的棉被被同学“偷”了，我母亲智慧地选择了放弃做证，因为母亲不仅允许我犯错，也允许其他孩子犯错。于情，每个成年人都是从孩子成长起来的，不能因为孩子犯了一点小错，就否定甚至毁了孩子的整个人生；于理，孩子未经允许拿了别人的东西，父母、孩子、老师三方都有一定的责任，如父母没有示范好、孩子没有自控力、老师没有引导好等。

真情回放

有些父母喜欢给孩子贴上负面的标签。如孩子撒谎，就给孩子贴上“骗子”的标签；如孩子做事拖拉，就给孩子贴上“懒虫”的标签。如孩子未经允许拿别人的东西，就给孩子贴上“小偷”的标签。孩子被贴上负面标签后，容易出现自卑、遇事爱逃避、叛逆、亲子隔阂越来越深等现象，严重影响孩子未来发展。

当孩子犯错时，父母不要随便给孩子贴负面的标签，而是要协助孩子去认识自我、发展自我和超越自我。这里，分享智慧妈妈第七件真实的事。

母亲宽以待人

夜幕降临，黑暗笼罩着整个校园，在一幢教学楼里，所有高三教室都亮起了白花花的灯光，我和同学们开始上晚自习。为了复习备战高考，同学们手不释卷、躬身苦读、废寝忘食。在宿舍楼这头，有个同学见四顾无人，便蹑手蹑脚地钻回宿舍，在黑夜的掩护下将手伸向了衣架上的衣服，伸向了箱子里的饭票、菜票，甚至伸向了床上的棉被……

这是一个超级大的宿舍，住着七八十个同学。宿舍里摆放着很多上下铺铁架床，去上课时同学们经常把值钱的东西藏在自己的床铺里。

当同学们从教室回来后，发现宿舍里的东西，小到饭票、菜票、衣架、衣服，大到棉被等，都被人偷走了。老师把情况报告给学校保安室，但保安室也没查出什么名堂，校领导就上报给辖区派出所。这样层层上报后，还是阻止不了别人偷东西。

有一天晚自习结束后，同学们回到宿舍，发现自己的东西又被偷了，有的气得咬牙切齿，有的只能自认倒霉。因为很多东西都没有特别的标记，很难找回来。

很快，我发现我的棉被也不见了，一下子就慌了神。那是用自家产出的棉花制作的棉被，既柔软又暖和，它可是我最值钱的东西了。

我和那些丢东西的同学们凑在一起，学着名侦探的样子开始叽叽喳喳地分析“案情”。有同学猜测可能是隔壁宿舍的振财（化名）偷的，因为他最近晚自习经常离开教室，但是又没有什么可靠的证据。

我和同学们向老师报告情况后，就一起冲进隔壁宿舍查找。

大家在这间宿舍的各个角落极力搜寻自己的东西，结果一无所获。最后，我发现振财床上的棉被特别像我的。

老师问我：“这是你的棉被吗？”

我说：“特别像。”

没想到站在旁边的振财斩钉截铁地说：“这床棉被是我的。”

我生气地问他：“你有证据证明这床棉被是你的吗？”

振财振振有词地说：“棉被是我家的，是我自己带过来的。那你有证据证明这床棉被是你的吗？”

我大声说：“我的被子是有记号的，你把被套打开，中间的棉胎上绣有我的名字。”

在师生们的见证下，我把被套扯开，把中间的棉胎拉出来，大家一看上面真的绣有我的名字——“刘中良”。

我母亲很细心，她知道把名字绣在被套外面很容易被人清除掉，于是她就用针线在里面的棉胎绣上我的名字。如果我的棉被被偷了，不论别人怎么清洗都洗不掉里面的证据，因为他们根本不知道标识藏在哪里。

当我指出棉被里的记号时，振财的脸唰地一下全红了。老师和同学们都用质疑的眼光看着他。

之前，很多同学的东西被偷了，大家怀疑振财却没有证据，现在终于找到确凿的证据了。

学校领导想“惩前毖后，杀一儆百”，直接把这个事情报到了辖区派出所。

当时，我的棉被还是八成新，直接被收起来当“物证”。

我当众指出棉被里的记号

报案以后，当地派出所根据案情做了进一步调查，然后通知学校领导：“目前有了物证，还需要有人证，需要有人出来指证他，我们才能把他抓起来拘留。”

学校领导就找人给我母亲传话：“中良妈妈，有同学偷走中良的棉被，学校已经报案了，派出所说有物证还不行，还需要人证，学校想请你和中良一起去派出所做证。”

我母亲回复：“我说几点心里的想法吧。第一，我和中良都不去做证。第二，我的孩子已经高三了，他的重点是复习准备高考，没有必要花时间来做这件事情。第三，那个同学虽然是偷了我家的东西，但他毕竟是个孩子，没有不犯错的孩子。而且他家可能也很贫穷，如果这个时候把他抓进去了，这个孩子可能参加不了高考，大好的前途就这样毁了。”

传话的人回来告诉学校领导后，学校领导若有所思地说："好吧，既然他们不来做证，过去的事就让它过去吧。"

因为没人去做证，振财也没有被抓去拘留，很快就息事宁人了。两三个月之后，我和振财一起走进了高考考场，进场前我看了他一眼，他带着感激的表情注视着我……

我后来了解到，振财虽然没有考上很好的大学，但至少也开启了新的人生旅程。

在这件事情中，我最欣赏母亲的智慧，就是她不仅包容自己家的孩子犯错，也包容别人家的孩子犯错。最终，我和那个同学都聚焦高考学习，双双改变了自己的命运。同时，我也学会了原谅别人，相信生命的本质是向上向善的、喜悦创造的、绽放和谐的，相信犯错的同学也会变得越来越好，特别是未成年的孩子。

我母亲放弃做证，说明以下三点。

第一，善于拒绝，消除对孩子学业的影响

当学校领导征求我母亲意见时，我母亲直接拒绝去做证，并解释了三点原因。可见，母亲善于及时拒绝别人的"好意"，让我把时间精力都投入紧张的高考备战之中。

我的棉被被拿，物证确凿有力，只要母亲和我去做证，把振财抓去拘留是十拿九稳的事情，但是母亲并没有这样做。她知道那个时候，一个高三的学生最重要的事情是搞好学业，通过高考来改变命运。此时，如果有一点儿分心，导致高考成绩差了几分，对学生的命运可能会产生极大的影响。所以此时最关键的是不要让孩子们分心，不能把那个同学抓起来，禁锢他的身心，阻碍他的发展。否则，不仅那个同学分心，连自己的孩子也会分心。

可见，父母要修炼宽广的胸怀，要学会包容孩子、谅解孩子，不能因为孩子犯了过错，就要穷追猛打、落井下石，不给他们翻身、改错的机会。

第二，允许犯错，相信孩子有改正的能力

《论语》有句名言：“君子之过也，如日月之食焉。过也，人皆见之；更也，人皆仰之。”意思是，道德高尚的人也会犯错，犯错时，就像日食、月食一样人人都看得见；当他们改正过错时，又能得到人们的仰望。可见，不论是圣人还是凡人都会犯错，贵在知错能改，改错是人的高贵品性，让人佩服与尊重。

孩子犯错，既是教育的时刻，也是成长的阶梯。智慧父母不应该把孩子的错误当成“洪水猛兽”，而应把它当成是改变自我、改变孩子的“金钥匙”。

智慧父母允许孩子犯错，就是让孩子先按照自己的思维方式去做事、去试错，孩子通过亲身实践才懂得其中的边界、底线、秩序与规则。下一次，孩子再做同样的事情时，才有过往经验、才知道对与错。

在及时教育方面，父母要积极介入，给孩子做正确的引导与示范，让孩子建立起正确的是非观以及个人的行为准则。

在成长的阶梯方面，父母要积极协助孩子解决问题，培养孩子积极乐观的心态和坚持不懈的意志。

每个孩子的生命都是向上向善的，所以父母要允许孩子犯错，要相信孩子有改正的能力，这样未成年人的可塑性就更强。

后来，我在“6Q 六银句”中这样总结道：我有犯错的权力，我有改正的能力；我父母允许我犯错，我师长允许我犯错；我享受成功中的喜悦，我享受失败中的成长。

第三，孩子犯错，监护人、老师要积极引导

孩子犯错的原因有很多，可能是孩子本身缺乏自控力和边界感导致，也可能是相互攀比的生活环境导致，还有一个重要的原因就是监护人、老师有失正确引导。

父母怎么引导孩子由不良行为转变成良好行为？可以通过三个方面努力。

（1）给孩子犯错的机会。

给孩子犯错的机会，就是父母要创造机会让孩子多做事、多锻炼、多成长。父母不用大包大揽、把所有事情都做完，而是要留出一部分事情让孩子自己做。孩子只要自己做事，就避免不了犯错。

（2）让孩子分析犯错的原因。

孩子犯错之后，父母不要横加指责，更不能动辄以报警威胁。父母应该通过“聆听和巧发问”等方式，让孩子主动分析犯错的原因。

我在“高 EQ 智慧父母”二阶课程中，总结了适用于父母的“6Q 三问”和“6Q 智慧八问”。

首先，问自己。

第一个问题：我身心灵越来越和谐了吗？

第二个问题：我你互动越来越双赢、我你情景越来越匹配了吗？

第三个问题：我的过去现在与未来越来越连贯了吗？

其次，问孩子。

第一个问题：“发生什么事了？”

第二个问题：“你的心情如何？”

第三个问题：“你的期望是什么？”

第四个问题：“你认为有什么办法？”

第五个问题：“你认为这些办法是否有效？”

第六个问题：“你决定怎么做？”

第七个问题：“你希望我如何帮助你？”

第八个问题：“下次遇到类似情形，你会怎么做？”

在孩子犯错、向父母求助时，父母可以先通过“6Q 三问”问自己，调整自己的情绪，再通过“父母智慧八问”问孩子，让孩子自己分析犯错的原因，想方设法避免再次犯错。父母聆听孩子的总结与改变后，要及时欣赏孩子、赋能孩子、协助孩子自我欣赏直至从错误中找回自己。

振财的监护人、老师也可以问振财这八个问题，让他认识到未经允许拿了别人的财物是违法的，让他自己决定以后有生活物品的需求要及时跟父母沟通添置，让他表态下次遇到相似的情形，如看见更好的东西时，要增强自控力，自觉抵御外界的诱惑，掌控好自身的行为，未经允许不要拿别人的东西。

（3）改正后鼓励孩子冒险探索可能再犯错。

如果孩子认错态度良好、改正方法得当、成长效果明显的话，父母要鼓励孩子尝试新方法，也就是要安排更多新的事情、新的情境让孩子参与进来。这样，孩子的成长就进入一个良性的循环：做事—犯错—改正—成长—再做事—再犯错—再改正—新成长。

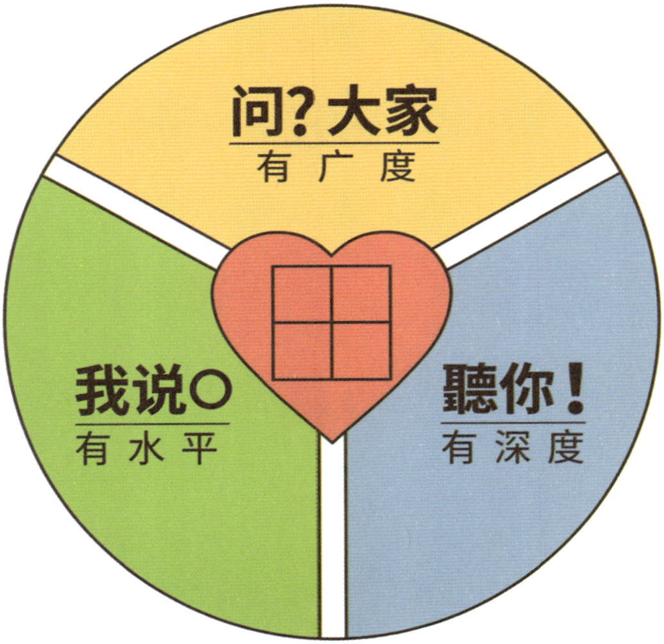

智慧导图：《6Q说“聽”问思图》

解释：《6Q说“聽”问思图》显示出“说、聽、问、思”四个字，希望大家通过长期学习修，让自己说得有水平、听得有深度、问得有广度、思得有收获。图中由“我说、聽你、问大家”组成一个外部的圆形轮廓，中间的“田”加“心”，则构成了“思”字，可见我们需要将“思”贯穿在“说”“聽”“问”之间，每个环节都加入自己的思考，这样才能有水平地说，让大家愿意听；高质量地听，让对方愿意说；问出高质量、有广度的问题，既能促进自己思考，也能协助对方成长。

感恩影响

小时候未经允许拿西瓜的教训

在孩子看来，犯些小错误可能是“不一样”的探索、创新与体验。因此，父母不要随便把孩子犯错的事情上纲上线，上升到道德批判的层面，而是要善于聆听、发问与引导，让孩子实现持续的成长。

这里，先分享我小时候一件趣事。

我们家是个七口之家。我小时候，父亲母亲平常干农活都很忙，对五个孩子的管教较为宽松，还经常叫错孩子的名字。

有时候，父亲会用大哥的名字“刘中阳”来叫唤我；有时候，母亲会用我的名字“刘中良”来叫唤大哥。我和大哥有点哭笑不得，就觉得反正都是家里的孩子，叫谁都一样，没有必要这么较真。我爸妈劳作很忙、管教宽松的好处，就是给孩子更多自由成长的空间。

我读四年级那年的暑假，天气炎热，我跟家人出去干活，发现有些农民在休息时一边吃着西瓜，一边津津有味地谈论：村子附近有个瓜农是四川来的，他种的西瓜又脆又甜，既解渴又生津……

看他们吃着脆甜的西瓜，汁水顺着嘴角往下流，我忍不住吞咽口水。我心中有股强烈的想法，我也要尝尝这种西瓜。

干完农活后，天还没有黑，我就跑到那片西瓜地进行“侦察”。我发现大菜园里隐藏着一片瓜地，瓜地上爬满了生机勃勃的瓜藤，每根瓜藤上面都结着西瓜。那些西瓜圆滚滚的、绿油油的，还带着黑色的条纹。瓜地附近的瓜棚里只有一个人和一条黑狗看着瓜地。

我“侦察”完毕，就回来向大哥报告“敌情”，然后一起想办法怎么悄无声息地去摘一个西瓜。

我说：“晚上去摘比较好。”

大哥说：“好吧。我负责放哨，你负责进去摘。”

傍晚已过，黑夜袭来，等到夜深人静时，那个瓜农钻进瓜棚里关灯睡觉了，那条黑狗也伏地打着盹……

我和大哥悄悄摸爬到瓜地附近，大哥警觉地环顾四周，确保没有人之后，就向我点点头。我知道“行动”开始了，于是我把头埋进瓜藤中，匍匐前进。

我慢慢地爬，尽量不发出一点声响，生怕瓜农和那条黑狗听到动静。我爬了十几米，摸索了很久，心中十分惊奇：白天看到的那个最大的西瓜怎么不见了。这时，我突然想起一个成语叫“顺藤摸瓜”，于是我就顺着瓜藤一节一节地摸过去，居然摸到一个洞里面去了。

原来，那个瓜农害怕他的“超级大西瓜”不翼而飞，就在瓜地里挖了一个洞把最大的西瓜塞到里面藏起来。我摸到大西瓜后兴奋极了，使劲拧断瓜蒂，然后抱着西瓜跑出瓜地。

没想到，我一跑动那些纵横交错的瓜藤就刮着裤脚发出沙沙的声响。很快瓜棚里的灯亮起来了，那个瓜农叫起来：“谁，谁在那？”

我在瓜地里“顺藤摸瓜”

那条黑狗一边“汪汪”乱叫，一边像炮弹一样“飞”过来。

我和大哥就像接力赛一样疯狂地跑起来，每跑一段路就换另外一个人抱西瓜，跑得比风还要快。后来，在学校上体育课的时候，有同学问我，你为什么跑这么快，我就开玩笑说是因为小时候被狗追赶出来的。

当夜，我和大哥绕着田野跑了很远的路，听到那条狗的吠声越来越小，最后消失在黑夜中。回头眺望时，那个瓜棚的灯光也熄灭下去了。

我和大哥跑得又渴又饿，就想用西瓜充饥。我用拳头使劲一锤把西瓜打开，一股清香传来，我和大哥每人分一半坐在田埂上狼吞虎咽起来，开心极了。

经过“劳动”得到的食物，吃起来分外甜。谁知，第二天，我家菜园里的瓜果也被别人“拿”走了不少。也许，这就是另外一种物物交换吧。

后来，不知道谁走漏了消息，母亲好像知道了我们未经允许摘了别人的西瓜了，于是，她让我摘了菜园里的水果送给那个四川瓜农。母亲对我说：“你很想吃西瓜的话，可以拿同样价值的东西去跟别人换，我们家有的而别人家没有的，一般来说别人都是愿意交换的。你偷偷去摘别人的瓜，这种做法是不对的。”

听了母亲的教导之后，我就摘了菜园里的水果送给那个四川瓜农。那个瓜农很开心地收下了水果，同时还拿出一个西瓜给我吃，让我心里很不是滋味：原来这样做，就可以“光明正大”地吃到西瓜。

每次我回忆起小时候我们未经允许就摘了别人的西瓜，都不免有些歉疚感。我在劝诫孩子们不要效仿的同时，也总结了这件事给我带来的教训与成长。

第一，体验丰富，有冒险感、成就感，也有歉疚感

当时我拿别人家的西瓜时，我的体验非常丰富，特别对我这个相对比较听话、不是很外向的人来说，内心的感觉特别强烈，先有冒险感，再有成就感，最后还有歉疚感。

冒险感在于，摘西瓜时必须匍匐前进、屏息静气，要不然就会被瓜农当场抓住，或者被黑狗当场咬伤。成就感在于，我们拼命狂奔，居然跑得比风还快，甩掉了所有的“追兵”，还一起分享了让人垂涎的西瓜。歉疚感在于，我们没有尊重瓜农的劳动，贪小便宜，没能想到以物物交换的方式来光明正大地吃西瓜。

第二，允许还未形成边界感的孩子犯错

结合小时候的体验，我知道父母允许孩子犯错是有原因的，因为孩子还没有边界感。

边界感，就是孩子对于个人空间的守护，包括守护物理空间和心理空间。守护物理空间，包括守护自己的玩具、衣服、书籍、食物、房间等。守护心理空间，包括守护自己的秘密、隐私、名誉、生活习惯、身体缺陷等。

由于孩子的心智还没有成熟，还没形成边界感，所以他们会认为我的东

西别人不可以拿，而别人的东西我可以拿。孩子没有边界感，再加上自控力较弱，就会反复出现未经允许拿别人东西的行为。

2019 年，我在全国巡回讲课时，经常会问那些父母：“大家小时候，也就是在 18 岁之前有没有未经允许拿过别人的东西？如偷别人家的水果吃？有的话请举手。”结果，每次我问的时候都有大约三分之一的父母举手。

因此，我就得出这样一个结论：不少父母小时候也会犯错，而且也放过了自己，现在应该允许自己的孩子和别人家的孩子犯错，要学会放过更多孩子。

在明白这个道理之后，父母要允许孩子犯错，不要大惊小怪、不要责怪孩子“学坏”，关键要懂得把小错误转化为大成长。

怎么转化呢？父母可以通过学习修，先获得正向成长，再通过言传身教，引领孩子获得正向成长。这样亲子互动越来越顺畅，亲子关系越来越和谐，孩子的生命力就会越来越绽放。

智慧行动

孩子同学来家里拿东西，父母应该怎么处理？

这里先分享一个社会中的案例。

俊俊（化名）是小学三年级的学生，俊俊的爸爸是做装修工程的。

一个星期天的早上，俊俊的同学宇诚（化名）突然来找到俊俊玩，俊俊也不好拒绝，就请同学到家里面一起玩变形金刚。

玩到中午的时候，俊俊的爸爸带一个客户来家里谈生意。俊俊的爸爸和客户边喝茶边聊天，两人聊得很开心。客户突然啪的一声把两捆红色的钞票甩到桌子上说：“这个事情就这么定了，这是两万块定金，我刚从银行拿出来的，下周一你就优先给我的房子安排装修，我打算一个月之后入住。”

俊俊的同学宇诚定睛看了看桌子上的两捆红色钞票，然后继续和俊俊在旁边玩变形金刚。

过了一会儿，俊俊的爸爸送客户下楼，又在楼下聊了一阵子关于装修材料的细节问题。

等俊俊的爸爸回来时，发现桌上那两捆红色钞票有被人翻动过的痕迹。这时，俊俊的同学已经不见了。

于是，俊俊的爸爸问儿子俊俊：“刚才，我送叔叔下楼时，有谁动了这两捆钞票吗？你的同学宇诚呢？”

俊俊说：“我不清楚哟，我刚才上了个洗手间，出来后宇诚就说要回家吃饭了。”

俊俊的爸爸眼珠一转，感觉事情很蹊跷，他马上把那两捆红色的钞票拆开，亲自数了三遍，结果发现少了两张——200元钱。

俊俊的爸爸觉得这个事情很棘手，不知道这个钱是怎么少了。到底是客户取钱时，银行原本就少给了200元，还是孩子的同学来家里偷走了200元，还是自家的孩子偷拿了200元。

俊俊的爸爸马上去查看家里的监控回放，发现儿子俊俊在上洗手间期间，他的同学宇诚曾经到桌子上玩了一会儿变形金刚，不过他背对着镜头用身体挡住了那两捆钞票。

俊俊的爸爸越想越气愤，报警吧，金额又太少，警察可能不会立案，不报警吧，感觉自己吃了哑巴亏，于是他不仅怀疑客户、怀疑儿子，还怀疑儿子的同学。

俊俊的爸爸越想越觉得不爽，他打电话跟客户说明情况，没想到被客户骂了一顿，说银行弄错的概率是很低的。俊俊的爸爸又去找儿子同学宇诚的父母询问情况，结果宇诚的父母一边矢口否认，一边打了宇诚一顿，还叫他以后不要跟俊俊来往。一系列的“操作”下来，俊俊的爸爸更加生气了，回家只能把气撒在儿子身上，打了俊俊一顿……

就因为200块钱，俊俊的爸爸把客户关系、家长关系、同学关系和亲子关系搞得一团糟。

没想到过了几天，宇诚的妈妈突然把钱送回来，说在宇诚的书包里发现了200块钱，经过询问得知，钱是宇诚在俊俊家拿的，因为他也想像俊俊一样，买一个大的变形金刚。

事情发生后，不论是自己的孩子还是孩子的同学未经允许拿钱，父母都要利用高情商智慧小心谨慎地处理，既要允许孩子犯错，也要引导孩子成长。

第一，孩子未经允许拿钱，要先弄清其中的原因

孩子未经允许拿钱一般有三个原因：

一是孩子想要买东西。孩子处于社会中，看到同学的文具好看，会想买；看见同学在吃零食，也想吃。孩子年纪小，根本经不起外界的诱惑。只要他们内心有了朝思暮想的东西，就会千方百计想要拿来体验一番。可是孩子身上没有钱，于是他们开始偷拿家里的钱或别人的钱。

二是父母管理太严。有些父母为了防止孩子乱花钱，对孩子的零花钱进行严格控制，比如有些父母一周才给孩子几块钱，在当今社会几块钱几乎买不到什么好东西。父母越控制越容易失控，父母越不想让孩子花钱，孩子花钱就越多，如果零花钱不够花就偷同学的。

三是道德观未成型。由于年纪小，孩子的道德观还没有完全成型，无法分辨是非对错、正邪善恶，只是为了满足自己的口腹之欲、占有欲。孩子们对物权的归属、道德的界限都不是很清晰，误认为同学的东西自己也可以用，不知道“偷”这种行为是非法占有别人的东西，是不能做的。

如果父母找到孩子未经允许拿钱的原因，就可以“对症下药”，有针对性地引导孩子塑造正确的价值观。如孩子想要买东西，就要告诉他们可以通过自

己合理的劳动来获得金钱，再合理地使用自己赚的钱购买喜欢的东西。如果父母管理太严，可以增加零花钱的数额，并提供使用的建议。如果孩子的道德观未成型，父母就要告诉他们钱是怎么赚来的，让他们了解父母的辛勤付出，告诉孩子未经允许拿钱是不对的，只要孩子自己挣钱了，不仅可以快乐地花自己的钱，还可以帮助他人，这种行为才是高尚的。

故事中，俊俊的爸爸只是怀疑孩子的同学来家里偷东西，并没有与孩子沟通清楚，也没有弄清孩子拿钱的原因。

第二，与对方家长融洽沟通，允许孩子犯错

故事中，俊俊的爸爸情商有很大的提升空间，他不懂得运用“四方格”的沟通方法与各方人员进行沟通，四处怀疑、猜忌、询问，结果“沟而不通”，还把人际关系搞得很紧张。

故事的情形处于四方格中的“父母困惑区”，应该运用“三步我状况”“12步双赢完整情绪表达法”进行沟通。

“三步我状况”：第一步，描述行为；第二步，表达影响；第三步，表达感受。

俊俊的爸爸可以这样表达：“今天我通过家里监控录像发现宇诚在两捆钱上面玩了一会儿变形金刚，后来我数来数去发现少了200块钱，我发现钱也不多，也允许孩子犯错，也不会计较孩子什么，只是我担心孩子养成一些坏习惯可能以后会给家长带来更大的困惑，看看你们能不能跟他好好沟通一下。”

“12步双赢完整情绪表达法”包括：定主题、约时空、表感谢、呈愤怒、显失望、说担心、我责任、敢承诺、诚邀请、提希望、多爱意（欣赏）、再感恩。

如果当面沟通不方便的话，俊俊的爸爸也可以给同学宇诚的父母写信，就是按照“12步双赢完整情绪表达法”写一封信，表明“我责任”，自己也有责任没有保管好金钱，不应该在孩子面前显露两捆钞票，因为孩子年纪小，根本经不起外界的诱惑，要“多爱意（欣赏）”，多欣赏宇诚这个孩子很独立、能够

自己找自己的儿子玩，玩完之后还能准时回家吃饭，是个自觉自律的好孩子。

同学宇诚的父母收到信之后，如果他们的情商很高的话，他们会与孩子进行“尊重、民主、平等”的沟通，解决亲子之间的困惑，问清楚孩子有没有拿钱，拿钱的具体原因是什么，然后可以“对症下药”，教育与引导孩子获得新成长。

第三，父母要学会化危为机，提升孩子财商

财商，是创造财富和应用财富的能力。事情发生后，不论是自己的孩子还是孩子的同学拿钱，父母都要提高情商智慧，及时运用智慧化危为机，要注意提升孩子的财商、及时进行规则教育，而不是急于查明真相。有些父母丢钱之后火急火燎地通过“非正常手段”查明真相，这会造成很多伤害：不仅伤害亲子关系，还伤害儿子的同学关系，也伤害同班的家长关系，得不偿失。

最好的办法，就是及时教育孩子、引导孩子成长，塑造正确的价值观，“君子爱财，取之有道”，君子要通过正确的途径得到财物，不要拿不义之财。父母可以跟孩子们一起玩“做生意”的游戏，比如把家里的玩具洗干净，拿到小区路口去卖，赚钱之后就奖励孩子好吃好玩的东西，让孩子体验到创造财富和应用财富的快乐。

故事中，孩子同学宇诚来家里未经允许拿钱，基本以教育为主，俊俊的爸爸可以“冷处理”，先当什么事也没有发生，然后等到儿子与宇诚在一起玩耍时，就可以组织孩子“做生意”的游戏，趁机教育儿子和同学怎么通过正确的途径得到钱，也可以跟宇诚的父母沟通，教他们与孩子沟通的方法、提高孩子财商的方法，让他们在家里也及时教育与矫正孩子的不良习惯。当孩子养成了良好的生活习惯、树立了正确的价值观、拥有了财商能力、具备是非善恶的判断能力时，他们就不会擅自拿别人的钱了。

故事中，当宇诚的妈妈把钱送回来时，俊俊的爸爸可以拿钱，因为及时拿回钱可以减少对方家长的愧疚感。不过，要及时欣赏宇诚诚实可靠、知错能改的优良品质，也要欣赏宇诚的妈妈教子有方、心地善良的优秀品质。当然，俊

俊的爸爸也可以直接用这些失而复得的钱买一个同款的变形金刚送给宇诚，以奖励他的成长，因为宇诚拿钱的原因就是想买一个跟俊俊同款的变形金刚。现在，俊俊的爸爸通过“送东西”的方式引导孩子成长，要想获得好东西，不能靠“拿”，而是要靠好的道德品质、好的学习成绩、好的劳动来获得。

60 案例

大女儿写《冒险偷莲蓬》被评为优秀，说明什么？

正是因为我的智慧妈妈允许我犯错，所以我也允许我的孩子犯错。

这里分享我大女儿小时候一件令她开心的事情。

我的大女儿2001年出生，她9岁左右读三年级。有一次，老师布置写日记，大女儿写了一篇《冒险偷莲蓬》，因为那是她亲身经历的、最真实的、最开心的事情。那篇文章写得很好，环境描写十分形象、心理描写十分细腻，结果被老师评为优秀作文，多次在班上朗读给同学们听。

在此之前，大女儿在7岁左右曾经问我：“爸爸，你小时候有什么开心的事情呀？能不能分享给我。”

我开心地说：“当然有了。”于是，我就把自己未经允许摘西瓜的事情分享了一遍。

在大女儿8岁的时候，有一年暑假回到湖南农村，在她姑妈家玩。

有一天，中午时分，很多大人都睡午觉了，她就和村里的五六个小朋友一起玩过家家。大家玩着玩着，就假装要做“满汉全席”，准备农村版的盛宴。

当时，姑妈家200米外是一排房屋，房屋的后面是菜园，菜园的后面是一条水沟，水沟里种了很多莲藕，莲藕上面长出很多莲叶、莲花和莲蓬。放眼看去，荷叶田田、荷花依依、莲蓬累累、荷香四溢，呈现出“接天莲叶无穷碧，映日荷花别样红”的景象。

可惜，精力充沛的小朋友心不在风景，而在莲子。

有个小朋友说：“我们可以拿莲蓬里的莲子来做菜，那些莲子又嫩又好吃。”

大家一拍即合，马上组成“特攻队”，做好分工，马上行动，不管水沟里的莲子是谁家的，先拿来再说。当时，有的小朋友负责放哨，有的负责摘莲蓬，有的负责运输，有的负责剥莲子，有的负责储藏。大女儿负责摘。

正当他们拿到莲蓬激动不已的时候，突然有一位大姐从房屋的后门冲出来，她一边“窸窸窣窣”地钻进菜园里，一边大声叫起来：“喂——喂——喂——”

她的声音很大，简直响彻整个田野，大女儿和其他小朋友都吓得魂飞魄

大女儿和小朋友摘莲蓬

散，以为“行动暴露”了。

那些村里的小朋友是有经验的，他们商量后就朝不同的方向跑，这样最多被抓到一个。

大女儿一个人朝着不同的方向跑，由于她是城里来的、对农村的道路不熟悉，结果一不小心滑到田里去了。田里积水较深，底下还有很多淤泥，她两条腿都沉陷到泥地里，泥水差不多淹没了膝盖，整个人动弹不得。

大女儿害怕极了，心想：要是被抓了怎么向人家解释，肯定会被姑妈批评的。

过了一会儿，一个村民大叔看见大女儿陷到田里去了，就走过来，把她拎出来放到田埂上。

大女儿讲完她的故事之后，就奇怪地问我：“他怎么不抓我呀?”

大女儿越想越困惑，她猜想可能因为自己是城里来的，人家不认识才不抓她。

我听完大女儿的故事，及时欣赏她能够跟我分享她的趣事，同时积极协助她解决她的困惑。

到了过年回老家的时候，我学我母亲的弥补做法，我带着礼物专程去看望那位大姐，顺便问问当时是怎么回事。

我先把大女儿和小朋友一起偷莲子的事情讲了一遍，然后问那位大姐：“你当时怎么没有抓她们呀?”

那位大姐哈哈大笑地说：“水沟里的莲藕根本分不清是谁家的，那些莲藕在泥里长过来长过去的，那些莲蓬里的莲子谁想吃了就去剥，吃完还会长出来，所以根本吃不完。现在物质丰富了，不在意这些了。小朋友们拿了莲子，我也不会管的。当时，我之所以大声叫‘喂喂喂’，是因为我在打电话，屋里没有什么信号，所以就走到菜园里去，菜园里才有信号，没想到把你家孩子吓得跑到田里去了。”

我回来跟大女儿一解释，大女儿心中的困惑和担忧就没有了。

后来，大女儿鼓励妹妹一起去农村体验生活，她说因为只有亲身体验，才有深切的感悟。

大女儿写的作文被评为优秀，说明三个道理：

第一，因为体验过，所以写得非常有味道

孩子亲身经历的事情，印象会很深刻，他们能记住很多细节。就像我的大女儿，她全程参与了摘莲蓬、剥莲子等活动，所以她在写文章时，将莲蓬的形状特点、莲子的味道等细节都描写得很真实，而且她还把冒险过程的紧张、激动、兴奋、失落、害怕等情绪表达了出来。因为体验过，所以她的认识更深刻，也写得更生动，让文章引人入胜。

第二，小错没变大错，而变成了人生财富

孩子犯小错将来会不会酿成大错，关键在于父母如何引导。智慧的父母不仅可以化危为机，还会创造更多机会让孩子去探索、去实践，形成正确的价值观，让这些经验转化为孩子的人生财富。

为了给孩子更多机会去探索世界、创新创造，在“青少年 6Q 领袖营”中，我们设计了很多创新创造的活动，包括出售自己的创意设计、开展捐款公益行动、举办拍卖会等。比如在领袖营里面售卖有特色的衣服、图书，学员把旧的玩具集中起来进行义卖等。

当今社会，应该给未成年孩子多一些犯错的机会，或者不叫犯错，而当作给他们一些实践的机会，比如让孩子自己组织去订报纸、去转卖水果、去组织捐款等。

我的小女儿在读国际学校时，老师请学生每人写一本人物传记，书名是《我的妈妈》。那时正读五年级的小女儿就去采访她的妈妈，了解妈妈过去的经历、现在的生活与未来的打算，写出了一本像模像样的传记。然后，学生们又一起搞起了图书营销会议，邀请班里学生的家长参加新书发布会，然后向家长推销这些书。家长们都积极购买阅读，增进对彼此的了解。

在以前物资匮乏的时代，孩子未经允许拿东西还情有可原，现在物质丰富了，孩子一般不会未经允许拿东西。因此，更需要父母鼓励孩子多去体验生活、努力尝试进取，通过劳动获得自己想要的东西。

父母一方面要允许孩子犯错，另一方面要及时纠错与引导。这样，孩子的生命力就能和谐绽放，他们以后就很少犯人生的大错。如果孩子犯一些小错，父母就包办孩子所有的事情，总是说孩子这样做也不行，那样做也不对。结果，孩子心中的负能量越来越多，最后真的什么也不会做、什么也不敢做。

第三，孩子犯错是一种创新探索、逆向成长

孩子犯错，在父母的角度看就是犯错，而在孩子的角度看，却是一种“创新探索”和“逆向成长”的过程。

“创新探索”表现在，孩子为了得到一个平常很难得到的东西，会调动全身的力量和外界的资源，利用创新的方法，去探索成功的路径。

“逆向成长”跟“正向成长”正好相反。“正向成长”是孩子按照社会的正常逻辑和秩序发展自己，“逆向成长”是孩子以破坏正常逻辑和秩序的方式来发展自己。

综上：父母自主成长，孩子自我蜕变。父母允许犯错，孩子自主改错。在童年时期，很多孩子是没有边界意识的，自控力也比较弱，像棉被、西瓜、莲子等物质是他们想要的，而像守规矩、讲纪律、知敬畏、明底线、做表率等精神食粮却是他们所缺失的。当孩子未经允许拿东西时，父母不要惊慌失措地实施粗暴处理，而要镇定自若地进行智慧解决。怎么智慧解决？智慧的父母要修炼广阔的胸怀，既允许自己孩子犯错，也允许其他孩子犯错，培养自信又自控的孩子。自信，就是相信自己能够将孩子犯的小错误转化为大成长的机会，这需

要对孩子及时进行纠错与引导；他信，就是相信孩子的生命力是向上向善的，这需要通过“善聆听、巧发问”等方式，唤醒孩子内在的良知与力量，孩子就能自主改错、自主成长，让孩子的生命力得到充分的绽放……

★智慧父母要发掘孩子潜能，引导孩子进行『有愿景的学习』。

★亲子间要多些『情感存款』、爱的流动，让孩子的生命力越来越绽放。

★父母给孩子补充心灵营养，包括爱、欣赏、接纳、允许、享受和相信六大营养素。

第8件事

我备战高考

——妈妈为我补充身心营养

导语：很多农村的孩子通过高考改变了自己的命运，我也是通过高考打开了通往新世界的大门，从湖南南县农村直接进入了武汉粮食工业学院，这种体验如同梦幻一般。1991年高考那三天，分别是7月7、8、9日，那正是改变我命运的三天。有统计数据显示，当年全国有296万考生参加高考，只录取62万，录取率不到21%，是1983年以来录取率最低的一届，而对于我们一个落后小镇上的学校，本科上线率仅为10%左右。我为什么能够脱颖而出？这要感恩母亲为我做了周密的安排，巧妙地补充了我的身体营养和心灵营养，让我静心高考，最终实现人生的“第一次腾飞”。我母亲智慧的做法，就是通过与老师及其家属的沟通，“设专房”保障我的睡眠，“开小灶”改善我的伙食。母亲在特殊时期给予特殊的爱，让我的内心充满了力量，所以我能从容淡定地面对高考，并发挥出自己最佳的水平……

真情回放

高考，留给我深刻的记忆，因为它是我人生的分水岭。从某种意义上说，如果高考成功了，我的人生就步入了阳关大道，前途无量；如果高考失败了，我很有可能就一生在农村面朝黄土背朝天。1991 年高考，有拼搏，有坚持，有感慨，也有惊喜，我是怎么度过的呢？

这里，分享智慧妈妈第八件真实的事。

母亲出面安排后勤工作助我安心高考

1991 年 7 月 7 日到 9 日，全国进入高考时刻。我的考场十分庄严，在教学楼外面很远的地方就围上了警戒线，负责护卫的老师戴着红袖章在学校各处巡逻，清除所有可能出现的噪声和闲杂人等。

同学们个个摩拳擦掌、跃跃欲试地涌进考场，有一种千军万马抢过独木桥的感觉。监考老师小心翼翼地拆开保密级别为“绝密”的试卷，分发给所有考生。我和同学们就迎来“一考定终生”的重要时刻……

在高考期间，我母亲做后勤保障工作是相当到位的，因为她为我安排了一个舒适的“专房”，让我静心参加高考。我的“高考专房”是怎么来的呢？

在高考前，由于学生宿舍紧缺，高三年级寄宿的学生都安排住进一个大宿舍里，住有七八十人，平常吃饭、睡觉的时候各种吵闹声此起彼伏。如果高考期间我住在里面的话，不仅休息不好，内心也难以平静下来。

母亲早就考虑到了这些问题，在离我高考还有半年时间的时候，母亲就开始联系从村里考出去的一位英语老师，而那位老师正是我当时的英语老师。

母亲去了一趟学校，找老师的太太商量：“7 月我的孩子中良要参加高考，这是他人生最重要的考试，我想和你商量一下，能不能行个方便？在高考期间让他住到你们家，他可以休息得更好。”

英语老师的太太说："这个事情，我要跟先生商量一下，估计问题不大。你孩子和我先生的关系既是师生又是同村人。"

不久后，老师的太太回复："没有问题，高考三天不仅保证孩子的休息，还会做好吃的给他吃。"

我母亲听后十分开心，就打算准备一些粮食、土特产和一只母鸡，到时拿到老师家里给我改善伙食。

母亲从学校回来后，欢欣鼓舞地跟我分享这个喜讯。

就这样，老师的家将成为我的"高考专房"，我的心里充满感激。

半年的光景很快就过去了，高考如期而至。考试第一天，我气定神闲地端坐在考场里，使出浑身解数全力应考，我已将高中所学的知识融会贯通，高考时信手拈来……

高中时我选了理科，要考语文、数学、英语、物理四个科目。

1991 年高考结束后，我对考试成绩很满意，上了本科分数线。就这样，我从农村来到了武汉这座大城市读大学，实现了人生的"第一次腾飞"。

母亲为我的高考"保驾护航"

多年之后，我依然感恩母亲对我的“特殊安排”。我考上大学，也有母亲的一份功劳，因为她是有智慧的、有预见性的。

我感恩母亲，主要有三个方面。

第一，连接人、找资源，全力支持我高考

母亲知道高考对我的人生发展很重要，考试结果将决定我是留在农村务农，还是到大城市继续读书。

由于母亲不识字，在学习上她不知道怎么帮我，所以她就采用了另外的方式来帮我。她帮助我的方式，就是让我在高考那三天住好一点、吃好一点、保持平和的心态。

在高考前，我母亲就积极连接人、找资源。连接人，就是与社会中各种各样的人有意无意地建立联系。找资源，就是找适当的人力、物力、财力来完成某件事情。

母亲经过一番的连接，发现原来资源就在身边，就在自己村里面，于是她就通过英语老师的太太，给英语老师传达一个请求，打算把老师的家当作我的“高考专房”。

英语老师既善解人意，又顾及乡情与师生情，于是同意了我母亲的请求。

就这样，经过我母亲的积极连接与沟通，英语老师及其太太全力支持我的高考。

第二，提前安排，凡事预则立不预则废

我母亲经常说一句湖南的俗语：“吃不穷、穿不穷，盘算不好一世穷。”这里的盘算，就是要提前做好准备与安排，才能把一件事情做成。正如《礼记·中庸》中说的那样：“凡事预则立，不预则废。”意思是，做任何事情，事前有准备更容易成功，事前没有准备就可能失败。

在开辟“高考专房”这件事上，足见我母亲是有远见、有智慧的，她能提前半年策划，并做好各种各样的准备。

当时，英语老师和他的太太住在学校里。我母亲要去找他们沟通，就要从村里去学校一趟，这是一段很长的距离，估计有二十公里。但是为了支持我高考，母亲无惧路途遥远曲折。

为了给我开辟“高考专房”，我母亲提前半年做了很多准备、想了很多方法，包括怎么乘坐交通工具去学校、怎么与老师沟通、怎么提前交我的伙食费等。

第三，保证高质量休息，排除外界干扰

母亲不辞劳苦为我开辟“高考专房”，主要解决了集体宿舍的三大“干扰”。

干扰一：管理混乱。那时高三集体宿舍里住着七八十个同学，每个同学的作息时间、饮食习惯、物品陈列等都有所不同，管理较为混乱，最终的结果就是影响大家休息。有的同学可能很晚都不睡觉，喜欢在宿舍里游荡与闲聊；有的同学即使躺在床上，也是翻来覆去睡不着；有的同学干脆很早就起来恶补功课，要临时抱佛脚；有的同学睡觉时，鼾声如雷……如果我在这样环境中休息，估计能够安静睡眠的时间很少。

干扰二：易闹矛盾。七八十个同学住在同一个集体宿舍里，吃饭、睡觉都在里面，很容易发生口角和肢体冲突。有句话叫“不怕一万，就怕万一”，如果高考期间，同学之间的矛盾影响了心情，可能会影响高考的正常发挥。

干扰三：相互影响。有些同学考试结束后喜欢相互询问、讨论答案，他们经常成群结队地凑在一起滔滔不绝地分析标准答案，发现自己答对了就沾沾自喜，发现自己答错了就懊悔不已。如果我住在集体宿舍里，同学们相互讨论的时候，很容易影响我的心情，进而影响下一场考试。

可见，我母亲是有智慧的，她知道我住在集体宿舍有很多干扰，于是她通过开辟“高考专房”来排除干扰。事实证明，高考那三天，我休息得很好、伙食很好、心情也很好，所以我在考试中发挥出了最佳水平。

感恩影响

母亲经常跟我说一句湖南的俗语:“炒菜看火候，做事抓火口。”意思是，办事要拿捏火候，把握时机与分寸，要抓住时间窗口采取积极行动。

时间窗口，是指在时间周期中的某一关键时间段，如果能够采取某种特别行动或施加影响，那么成功的概率会大大增加。高考三天，就是一个重要的时间窗口。我母亲懂得在这个时间窗口要做出特别的行动，最终得到了圆满的结果。我母亲这种智慧，是在长期的劳动中领悟出来的。

如何抓住孩子成长的“窗口期”?

这里先分享我母亲管理农作物的故事。

在家里，我母亲主抓农作物的管理安排，在农作物的生长窗口期做好各种劳动安排。我父亲主要配合执行。

在我的印象中，母亲特别注意做好棉花、水稻病虫害防治工作。

棉花主要防治苗蚜，它们会吸取棉叶或嫩芽汁液，阻碍棉花生长。防治的“窗口期”在棉花出苗期，约在每年5月中下旬至6月上中旬。

水稻主要防治稻飞虱，它们会吸取植株汁液危害水稻生长。防治的“窗口期”在分蘖期，早稻约在每年6月至7月上旬，晚稻约在每年9月中旬至10下旬。

这两个事情都是有“窗口期”的，不能等。一到时间，我母亲就会催促父亲去选用适当的农药，通过喷雾的方式进行防治。哪怕家里没有钱，也要赶紧去借钱买药。

在棉花防治苗蚜方面，当我母亲看到棉苗长出几片叶子，叶子还没有被虫

适时给水稻喷洒农药，防治稻飞虱

子咬的时候或者被咬得不多的时候，就会催促我父亲去喷洒农药。这样做，可以达到省药、护苗的好效果。如果等到棉花的叶子已经被虫子吃掉超过一半了再喷洒农药，那已经无力回天了。因为用药偏晚，错过了防治的关键期。

在水稻防治稻飞虱方面，当我母亲看到水稻茎秆出现分枝、虫卵开始孵化的时候，赶紧叫唤父亲去喷洒农药。这样做，既可以直接杀死幼虫，又可以保证水稻的正常生长。

如果错过了农作物生长的窗口期，该施药的时候没有施药，那将是“三输”的结果。一输：农作物生长受到影响；二输：花更多钱买药、花更多时间和精力进行病虫防治；三输：收成不好。

长期的劳动实践，让母亲增长了智慧，一到关键期她就要完成关键的事情。她凭借这个智慧让田地多产粮食，让我们一家七口能生存下来。

培养孩子如同护理农作物一样，父母要懂得抓住孩子成长的“窗口期”，努力做到以下三点。

第一，在关键的时期，完成关键的事情

孩子一生成长有多个关键期，如上幼儿园、上小学、小升初、中考、高考、大学选专业、毕业就业、结婚找对象、创业选项目等。在每个关键期，父母都可以协助孩子去完成一些关键的事情。

比如：在孩子上幼儿园时，主要培养孩子的生活习惯；上小学时，主要培养孩子的学习习惯；小升初时，主要培养孩子的自学能力；中考时，主要培养孩子的学科兴趣；高考时，主要培养综合素质能力，包括身体素质、心理素质、思想政治素质、人文科学素养、抽象思维、逻辑思维、艺术修养等；大学选专业时，主要培养职业规划能力；毕业就业时，主要培养实践能力；结婚找对象时，主要培养选择和相处的能力；创业时，主要培养创新思维、发明创造的能力。很多时候，孩子要形成这些习惯和能力，都需要父母的协助。

第二，既要适应被动学习，也要主动学习

孩子在成长的“窗口期”，父母要引导孩子从适应被动学习，到自我主动学习。

被动学习，就是孩子在某种外力的作用下，如学校的压力、家庭的压力、社会的压力，被动产生的学习行为，相当于“要我学”。

主动学习，就是孩子在兴趣和求知欲的指引下，产生自我驱动、自主自发的学习行为，相当于“我要学”。

比如孩子在小学四年级之前，被动学习的状态多过主动学习。这时，父母要协助孩子分析其中的原因，如果是因为家庭给予的压力太大，父母要懂得降低接纳线；如果是因为孩子心理素质差，容易闹情绪，父母要及时给孩子补充心灵营养；如果是因为孩子不明白学习的目的和意义，父母要协助孩子化被动学习为主动学习，鼓励孩子用知识改变命运，真正对自己的人生负责、对自己的未来负责。

第三，有愿景地学习，调动未来的力量

孩子在成长的“窗口期”，智慧父母可以引导孩子进行“有愿景的学习”，调动未来的力量指引孩子成长，可以通过以下三步来进行。

首先，父母要把未来的美好景象提前在孩子的脑袋里面呈现。呈现的方式包括实地考察、职业扮演、主题游玩、绘制图表等。比如：带孩子去理想的大学校园体验一番，或者带孩子去理想的工作场所实践一番，或者带孩子去未来世界主题乐园游玩一番，让孩子对未来的美好生活充满向往和憧憬。

其次，要协助孩子有计划、有步骤地实现愿景。这个过程，包括找资源、找方法、找路径，一步一个脚印，踏踏实实地努力。

最后，实现愿景后的感悟与总结。孩子经过长期的努力，所达到的成果与之前设定的愿景通常是非常吻合的，甚至有些时候还可以超过。可见，有愿景的学习具有无穷的魔力。

比如：父母想让孩子长大后成为律师，可以这样做。

第一步，植入大律师的偶像画面。父母先带孩子到法庭现场，让孩子亲身体验原告与被告双方律师的激烈辩论。最终在知名大律师的辩护中，案情越辩越明、案件峰回路转，通过各种人证、物证还原真相。

第二步，寻找成为律师的方法。对孩子的智力结构进行科学测量，记忆力好、逻辑性强、对细节把握到位的孩子可以考虑从事这个职业。孩子将来要做律师，高考上大学时要必修法学专业，还要选修心理学、逻辑学、社会学、哲学等课程，工作后还要通过国家法律职业资格考试。

第三步，成为律师后的人生复盘。孩子通过十几年“有愿景的学习”，最终成为一名人民律师，同时收获那种扭转乾坤、为民伸张正义的荣誉感和自豪感，这是对孩子学习的最大奖励。

这里分享“高EQ导师”潜能开发班里，经常学习与运用的“6Q潜能发掘图”。

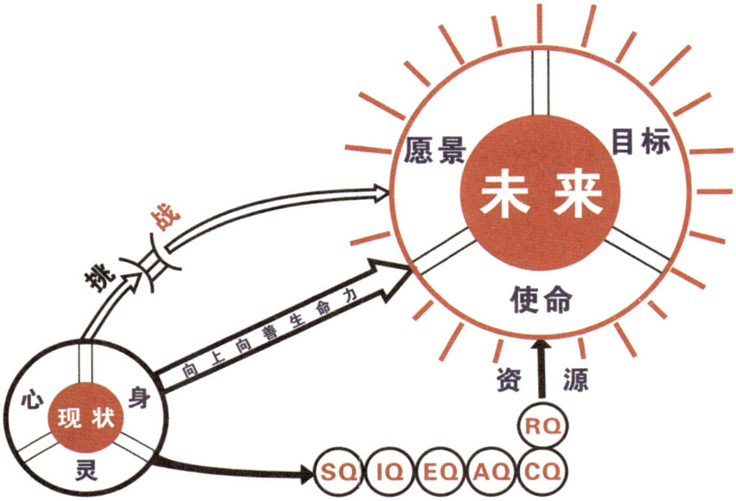

智慧导图:《6Q潜能发掘图》

解释：一个人的潜能是无穷大的，但是想要尽可能地开发自己的潜能，就需要借助一些有效的辅助工具，而《6Q潜能发掘图》就是协助我们发掘自身潜能的一种有效工具。从图中我们可以看到，想要发掘自身潜能，就要联结自己的现状与未来，在现有的基础上，不断去挑战自己，让自己的身心灵（即6Q）不断趋于和谐，不断进步，良性循环。先去觉察自身的身心灵现状，在此基础上制定目标，明确愿景，清晰使命；同时去觉察6Q是否足够和谐，是否均衡发展？如有不和谐的，则有针对性地提升。当制定的目标完成后，再次评估现状，启动新一轮的目标制定，在这样不断挑战、不断提升的良性循环中，不断向未来迈进。通过对自身的潜能开发，可以激发我们的内在动力，让自己获得持久成长的动力源泉，不断提升与进步。在家庭教育中，高EQ智慧父母可以不断发掘孩子的潜能，引导孩子进行“有愿景的学习”，调动未来的力量指引孩子成长。

智慧行动

孩子高考，父母要住星级酒店全程陪伴？

如今高考期间，有些家长请假全程陪伴孩子，他们通常在考场附近的星级酒店订了“高考房”，把孩子的伙食营养与复习备考的各种细节都考虑得很周到。相比之下，这些父母的做法比我母亲当年借老师房间开辟为“高考专房”有异曲同工之妙。

第一，关键时期给予特别照顾是合情合理的

如果条件允许的话，父母住星级酒店全程陪伴孩子参加高考，在关键时期给予孩子特别的照顾是合情合理的。

有了父母的高质量陪伴，有了酒店的安静环境，还有科学健康的饮食搭配，孩子一般都能在考试中发挥出真正的水平。

当然，如果条件不允许的话，父母也不用伤心内疚。父母平常可以对孩子多进行“情感存款”，多引导孩子、多陪伴孩子、多欣赏孩子，孩子就能自我成长、自我绽放。

第二，及时地聆听与欣赏，调节孩子的心情

在高考这个关键时期，父母要给孩子补充身体营养和心灵营养。补充身体营养，简单来说就是吃好、喝好、睡好，让身体各项机能正常运转。补充心灵营养，就是要聆听孩子的心声，把孩子内心的负能量导出来，然后欣赏孩子进步的地方、改变的地方，积极引导孩子面向未来、活在当下。

活于当下，就是让孩子“不以物喜，不以己悲”，保持一颗平常心，享受当下的每一刻，对过去的事情不要太过纠结与内疚懊悔，对未来的事情也不要

太过担心、有太多顾虑。孩子活在当下，往往会精神喜悦，精神喜悦往往会激发创造力，这样就能在高考这种关键时期发挥自己的优势和潜能。

第三，父母有高情商智慧，孩子也有意愿求助

一般来说，父母有高情商智慧，孩子才乐意向父母求助。如果父母情商不高，即使一家人住进星级酒店，亲子沟通依然不顺畅。他们可能在选择食物或者选择房间方面闹矛盾、有情绪。这样，反而会影响孩子的高考。

如果父母自己的情商智慧不高，可以通过学习修来提升。如果孩子成长已经到了“关键期”，而父母又来不及提升自己的情商智慧，至少要提前与孩子做好沟通与安排，如果孩子不愿意住酒店，更愿意跟同学们住在集体宿舍，更喜欢轻松热闹的环境，父母也要尊重孩子的选择。

6Q 案例

持续补充身心营养，给孩子重生的希望

我们先看一个 6Q 案例。

有一次，我在某地讲授“高 EQ 智慧父母”一阶课程，第一天上午第一节课下课时，我正准备补充些正能量。突然，有一对中年夫妻过来围着我，丈夫愁容满面，妻子闪着泪花，他们对我说：“刘老师，您一定要救救我们！”

我问：“发生什么事了？”

那位中年妇女开始向我讲述他们儿子的故事。

他们有个 25 岁的儿子，叫志凯（化名）。从小学到高中，儿子的学习成绩一直很优秀，高考时考上了国内名校，大学毕业后又去国外留学，前途一片

光明。

可是，自从儿子留学回来之后好像变了一个人，既不找工作，也不交女朋友，天天窝在自己的房间里打游戏。儿子晚上打游戏，白天就睡大觉。儿子长期这样疯玩，搞得自己精神恍惚、郁郁寡欢，对生活越来越没有兴趣……

有一天凌晨，志凯的妈妈发现儿子从外面回来，带着一捆新买的绳子，全身湿漉漉的。志凯的妈妈就问他怎么回事。没想到儿子志凯轻飘飘地说："我不想活了，今晚我打算去跳江的，想自杀，可惜会游泳又游回来了。晚上我又买了绳子，如果用绳子上吊的话，肯定能死透！"

志凯的妈妈听到这些话，差点晕了过去，他们寄予厚望的儿子、家族里津津乐道的留学生，居然要自杀?！志凯的妈妈马上叫醒丈夫，把儿子的绳子抢过来，然后开导教育他一个通宵。最后，儿子却说："我觉得活着越来越没有意思，因为根本没有人关心我！"

说完，儿子进房间把自己反锁起来。志凯的父母也不知道该怎么应对。

在听完他们的叙述之后，我知道这个问题比较严重，因为孩子不仅有轻生的念头，还尝试过自杀。

我聆听了这对夫妻的情绪表达，就向他们建议：现在，你们的负能量较多，需要尽快提升自己的正能量与情商智慧。上课时妈妈好好上课，下课后高质量地给儿子发信息进行"我状况"表达。第一步，客观描述事实。第二步，描述这个事实给自己带来的影响。第三步，表达这个事实给自己带来的感受。最后一定要写上"始终爱你的爸爸妈妈"。夫妻虽然照做了，但一直没有得到儿子的任何回应。

三天一阶课程结束后，我又建议夫妻俩，一个在家高质量陪伴孩子，另一个跟着我上一阶，继续学习修。

于是，志凯的父亲就在家里持续给孩子补充身心营养，在补充身体营养方面就是把儿子喜欢吃的、喝的塞满冰箱。在补充心灵营养方面，就是写欣赏贴纸（写孩子的优点），贴在儿子的房门上。

与此同时，志凯的母亲跟我跑了两个城市连续复训两次一阶课程，每次下课后她就发短信给儿子："儿子，这段时间妈妈在外面学习，要学习如何关心孩子、爱护孩子，你在家要学会照顾自己，冰箱里都是你喜欢吃的东西。始终爱你的爸爸妈妈。"

经过半个月，这对中年夫妻一直温和而坚持地给儿子补充身心营养……

随后，奇怪的事情发生了，有一天晚上儿子给妈妈回了一条短信："爱，爱，爱，爱你个鬼，搞得我都不好死了！"

收到儿子回复的信息，志凯的妈妈十分开心，终于与儿子重新建立了情感的连接。志凯的母亲持续加紧学习与实践6Q的智慧，融会贯通多种沟通模型公式，形成自动反应。

通过学习，志凯的母亲提升了情商智慧，优化了沟通方法，回家后与儿子进行了和谐的沟通，持续给孩子补充身心营养。最终儿子主动卸掉电脑游戏，走出房门拥抱自己的父母亲，因为他感受到了父母对他的爱，让他有了重生的希望。

从这个故事中，我得到两个启发。

第一，父母应对大危机需要活学活用 6Q 智慧

在亲子沟通中，父母会遇到各种各样的挑战，几乎每个家庭的情况都有所不同。面对成千上万个家庭层出不穷的人际关系冲突，单凭一个导师做个案辅导根本应付不来，只有提高众多父母的情商智慧，让父母成为"导师"、成为"专家"，才能真正解决千家万户的问题，所以我培养了"高 EQ 智慧父母"一阶、二阶导师团队，每周 6Q 导师团队都会奔赴全国各地进行授课，传播 6Q 智慧。

6Q 导师团队持续向家长讲授"亲子沟通四方格""12 步双赢完型情绪表达法""6Q 思维法""亲子冲突双赢法""三步我状况""积极聆聽术""情感存款""爱的六种传递方式""宝山探索""顾三方"等多个沟通模型公式，提高广大家长的情商智慧，协助学员们解决亲子冲突、夫妻冲突、邻里冲突、家校冲突、师生冲突、上下级冲突、家族代际冲突等。

第二，补充孩子身心营养要多进行“情感存款”

父母给孩子补充身体营养，如碳水化合物（糖类）、油脂、蛋白质、维生素、水和无机盐（矿物质）这六大营养素，可以通过制作或提供丰富多样的食物来实现。

父母给孩子补充心灵营养，如爱、欣赏、接纳、允许、享受和相信这六大营养素，就需要多进行“情感存款”。

只要父母温和而坚持地给孩子补充足够的爱与正能量，孩子自然会达到“向上向善”的效果。

父母可以参考“高 EQ 智慧父母”一阶课程中“多存款”模块所总结的10 点。

（1）积极专注聆听孩子说话。

（2）尊重孩子自由成长空间。

（3）当孩子遇到挑战时及时协助他。

（4）当孩子犯错时引导他。

（5）当孩子难过时高质量陪伴他。

（6）当孩子成长进步时欣赏他并协助他自我欣赏。

（7）尊重孩子的朋友。

（8）无条件地爱自己的孩子。

（9）给孩子一个温暖、安全的家。

（10）自己的喜怒哀惧，愿意与孩子真诚分享。

爱孩子就是“如他所是，非我所愿”。父母在孩子的“情感银行”里，多“存款”、少“取款”、多盈余、不透支，让孩子在“爱”的阳光下茁壮成长。如果亲子间没有“情感存款”，没有爱的流动，甚至连自己都不爱，那么孩子的生命力就会逐渐透支，最后可能会走向极端。

“情感银行”的“存款”与“取款”、“存款丰富”与“债台高筑”的状况如下。

情感存款：让对方开心，觉得被爱、被欣赏、被肯定……

情感取款：让对方痛苦，觉得被批评、被拒绝、受伤害……

存款丰厚：爱能宽恕很多过错，大事化小、小事化无、化危为机，家庭和谐。

债台高筑：任何小冲突都有可能变成大伤害。

高情商智慧父母在给孩子补充身心营养时，要懂得关爱自己，先喂饱自己再滋养他人，要随时充实自己的情感银行户头，让存款丰厚，让里面充满尊重、信赖、体贴和关爱，使它的资产远超负债，这样才能持续地在孩子的情感银行里多存款。多爱护孩子，多欣赏孩子，多肯定孩子，多支持孩子，多做一些让孩子开心的事情。这样，家庭成员之间就能和睦共处，就可以享受到自然的亲密、满溢的信任和醉人的爱意！

这里分享《6Q 人愿景捷径模型》。

智慧导图:《6Q 人愿景捷径模型》

解释： 在《6Q 人愿景捷径模型》中，一个人要实现未来的愿景、目标、使命，如同上陡坡一样面临着种种阻力。这些阻力包括外在的阻力和内在的阻力。外在的阻力，包括社会影响、家庭羁绊、同事矛盾、不当竞争等；内在的阻力，包括消极悲观情绪阻力、懒惰的习惯、堕落的行为、不良习惯等。人生路是有捷径的，可分三步走：先成为—再行为—后变为。先成为：就是要明确未来自己是一个怎样的人，要建立人生愿景。再行为：就是在实现愿景的路上多实践、多反思、多创新。后变为：就是心想事成，快速轻松达到愿景。而最终实现的是：协助孩子 6Q 和谐圆满。在孩子进行有愿景的学习中，父母不要做孩子成长的阻力，而要做孩子外在的助力，要及时给孩子补充身体营养与心灵营养，激发孩子的创造性张力。创造性张力，就是指客观现实与愿景之间存在一定的差距，而这样的差距会形成一种创造力，最终引导孩子走向美好未来。多年来，我协助了很多孩子调动愿景的威力，创造了学业进步的奇迹。

综上：《孟子·梁惠王上》中有句名言，“不违农时，谷不可胜食也”。意思是，农民只要不错失农耕的季节，粮食收成就很多、根本吃不完。可见，中华文明智慧归根到底就是劳动人民的智慧，是几千年劳动实践与教育理论相结合的结晶。我母亲是一位普通的劳动者，她在劳动中领悟了“关键期做关键事”的智慧，还懂得运用在我的身上，通过提前策划、提前沟通、提前安排，为我开辟“高考专房”，让我静心高考、实现了人生的“第一次腾飞”。正如农作物生长有“窗口期”那样，孩子成长也有“窗口期”，在关键时期智慧父母要给孩子特别的关爱，运用 6Q 智慧及时给孩子补充身心营养，要协助孩子跨过关键期各种“坎”，就可以协助孩子平安成长、顺利发展……

★做人应先有孝心，孝心是道德之本。

★尽孝不是一劳永逸的事，而是要长期进行『爱的存款』、爱的付出。

★做人要有冒险精神，要学会拥抱变化，勇于挑战新事物。

第9件事

年三十团圆饭

——妈妈教我做人道理

导语：生命的本质是向上向善的、喜悦创造的、绽放和谐的。人向善的第一步，就要学会“尽孝”。古语有言：“百善孝为先，孝为德之本，德为人之本。”春秋时期，孔子教诲弟子要做仁义之人：“入则孝，出则悌，谨而信，泛爱众，而亲仁。”意思是，在家里做人，要孝顺父母、孝敬长辈；在家外做事，要敬重兄长、谨言慎行、仁爱众人，就能成为仁义的人。可以说，仁义是一种顶级的智慧，只有对众人友善，才能消化、吸收众人的智慧为我所用。在我的印象中，母亲是仁义的、有智慧的。在做人方面，母亲用实际行动诠释了什么叫“孝道”。母亲很孝敬我的姑奶奶（我爷爷的妹妹），姑奶奶是孤寡老人，每次过年，母亲都会让我去邀请姑奶奶来家里吃团圆饭。在做事方面，母亲让我尝试独自走夜路，彻底消除了我内心的恐惧，我也因此摸索出了独立做事的方法……

小时候，我做人做事的本领，主要以“家学、家习、家修、家悟、家新、家传”为主，也就是母亲对我的教育、向我传递的智慧。我创办 6Q 教育后，组织员工开展了一系列的“司学、司习、司修、司悟、司新、司传”，又把 6Q 智慧、文化经句进行了二次升华与传播。

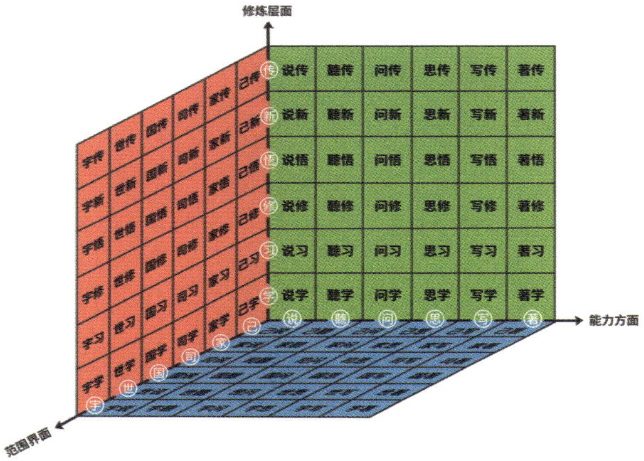

智慧导图:《6Q 智慧人生 6×6×6 模型》

解释:《6Q 智慧人生 6×6×6 模型》表明一个人成才是能力方面、修炼层面、范围界面的综合体现。能力方面:“说”，就是说话有水平。“聽”就是听事实、懂情感、挖 6Q 宝山。“问”，就是高质量提问。“思”，就是思前想后。“写”，就是把成长经验编为文字。“著”，就是输出创造性著作。修炼层面:“学”，就是了解和掌握。“习”，就是多练习多实践，养成良好的新习惯。“修”，就是一个人坚持每天三遍内化正能量的品质。“新”，就是突破和创新。“悟”，就是感悟道与真义。“传”，就是把智慧传播给他人。范围界面:“己”即代表自己;“家”指的是家庭、家族;“司”指的是公司组织单位;“国”指的是国家;“世”指的是世界范围，包括人类、动物、植物;“宇”，指的是整个宇宙范围。

真情回放

小时候，母亲经常教我一些做人做事的道理。在做人方面，母亲告诉我，从小要有孝心，因为孝敬父母、尊敬长辈，是做人的本分，也是一种美德。在做事方面，母亲告诉我，要独立自主、积极想办法克服困难，解决问题，靠天靠地不如靠自己。

这里，分享智慧妈妈第九件真实的事。

母亲让我去请姑奶奶来家里吃团圆饭

年三十凌晨2点多钟，在湖南南县的农村里寒风阵阵，漆黑的夜伸手不见五指，黑洞洞的村子里偶尔传出几声鞭炮声和鸡鸣狗吠声，空气中还弥漫着米酒的醇香与香烛的芳香味道。那时，我才读小学五年级，一个人小心翼翼地走在田间……

这是怎么回事？是母亲叫我去请姑奶奶（爷爷的妹妹）来我们家一起过年、一起吃团圆饭。

后来，我才知道，这种凌晨就去请人吃团圆饭的做法，是湖南农村一种过年的风俗，叫作“赶年”。所谓的“赶年”，就是提前一天过年，年夜饭一般都在年三十凌晨开吃。据说谁家越早起床、越早祭祀祈福、越早吃团圆饭、越多人吃饭，谁家将来就会越发达。正是在这种美好的期盼下，不少村民到了年二十九的晚上就开始起来蒸鸡煮鸭、祭祀天地与先人了。母亲也喜欢这个“赶年”风俗，所以我家也不能落后呀。

年三十凌晨2点，我还在熟睡中。母亲催促着：“良妹子，过年了，起来起来，要烧火了，还要叫姑奶奶来吃团圆饭。”

我看到屋外漆黑一片，不禁打了个寒战，我悄悄地问一句：“为什么只让我去叫，哥哥、姐姐不能去吗？”

母亲说："哥哥、姐姐帮我准备食物，你没什么事做，手脚又轻快，来回一趟也花不了多少时间。你怕什么，那条路你都走过多少回了，就算闭着眼睛你也能走过去。"

我揉着惺忪的睡眼，看见父亲、母亲、大哥、二哥、姐姐、弟弟早就起床了，他们正在忙碌地准备年饭。他们分工配合得很好，有的杀鸡，有的剖鱼，有的切肉，有的削萝卜，有的洗青菜……

在母亲做年饭的时候，我一般配合做两件事，第一件事就是烧火，第二件事就是去请姑奶奶。

我刚把火烧旺，母亲就说："火候差不多了，你赶快去把姑奶奶请来家里一起过年。我们要懂得感恩，懂得孝顺。她是一个老人家，就住在河的对面，你就代表全家人去请她过来吃饭。这样，她会很开心，我们家里也会更热闹。"

于是，我就拿起一根烧火棍出发了。这个烧火棍有两个用途，一来可以在黑夜中探路，二来可以击退对我有攻击倾向的流浪狗。

从我家到姑奶奶家，大约有 1000 米，中间隔着一条小河，人们用几根木头搭了一座桥。

对于我这样十一岁左右的孩子来说，这段路程是有一定挑战的。

第一，在黑暗中摸索道路。那时候的农村，根本没有什么手电筒、路灯等照明设备，全靠在黑暗中摸索。凌晨时分，有些村民很早就起来了，他们的房屋里亮起了煤油灯，从窗户和门缝里射出几缕橙黄色的光线。我就是借助这些光来辨别方向，如果发现前路很黑、可能有坑的地方，我就用烧火棍在前面敲两下，以查探虚实。确保有路可行之后，我才继续走。

第二，在寒冷中坚持到底。过年的时候正值冬季，有时候天空会飘下无数的雪花，给热闹的春节平添一分寒意。田间小道都是泥巴路，被雨雪浸润之后，变得滑溜溜的，一不小心就会滑倒。在寒冷中，我裹紧身上的衣服不停地走着，我一般会沿着别人的脚印走路，因为别人走过的泥巴路一般比较硬实，要相对安全一点。

第三，在恐惧中训练胆量。有些村民的家里就在路边，家里养着看门狗。

那些狗听到一点风吹草动，就会“汪汪”大叫不停。这个时候，我虽然害怕狗突然冲过来咬我，但是我不能跑，我一跑狗马上会追上来。我只能挥舞着烧火棍盯着那条狗，一直等到它走开或者叫声没有那么猛烈。

我走到河边，看到有两根木头横在河上，那就是通行的木桥。我小时候听一些老人家讲过水鬼、河妖的故事，十分担心木桥下面会冲出什么妖魔鬼怪。我只好压低身姿，小心翼翼地走过桥。

突破了这三重险阻之后，我终于来到了姑奶奶家。我边敲门边叫唤：“姑奶奶，姑奶奶——母亲让我来叫你去吃团圆饭。”

“在，在，在。”姑奶奶马上回应，并为我点灯、开门，屋里一下子充满了温暖的橙黄色灯光。姑奶奶裹着保暖的头巾，用慈爱的眼光看着我，开心地说：“我的乖侄孙，你辛苦了。我知道你会来的，所以我一直在等你。你们全家都很孝顺。”

回来的时候就轻松多了，也快很多，姑奶奶一只手拄着当拐棍的草叉，一

我去请姑奶奶到家里吃团圆饭

只手扶着我，一路上聊着家常、欢声笑语，路上那些汪汪大叫的狗、阵阵袭来的寒意、无边的黑暗……好像都消失得无影无踪了。回到家里，我们全家人就和姑奶奶一起吃团圆饭，丰盛的饭菜热气腾腾，火红的鞭炮欢快炸响，喜悦的心情无以言表……

在我的印象中，几乎每年在吃团圆饭之前，母亲都让我去请姑奶奶，一直到姑奶奶安详离世的那年。我母亲这样做，既尊重农村习俗，又尽到了孝心。从中我领悟到了，尽孝不是一劳永逸的事情，而是要长期进行“情感存款”、爱的付出。在奉行孝道的同时，我还提高了自信心和胆量，懂得如何克服重重困难、独立做事。

通过追忆与总结，我母亲教我做人的道理有三点。

第一，先有孝心，孝心是道德之本

做人应先有孝心，因为孝心是道德之本。《孝经》里有这样的名言：“夫孝，德之本也，教之所由生也。”意思是，孝行是道德的根本，同时也是教化众人的根源。基本的孝道，包括尊敬、关爱、赡养老人，为父母长辈养老送终等。如果一个人连基本的孝道都不遵从，那他的德行有所缺失，更无法教育好别人。

河对面的姑奶奶，是一位孤寡老人，平常没有亲人在身边照顾，只能自己照顾自己，逢年过节，是老人最想团圆的时刻。试想，一位老人伫立在河岸边看着滔滔逝去的河水，翘首远望河对面亲人房屋里的灯光，她在渴望什么？她在想什么？她在渴望亲情的眷顾，她在想象团圆的时光。所以，当我来到姑奶奶家时，她很开心、很感动。

小时候，母亲就教我如何尊敬、关爱老人，让我领悟到什么是孝道。后来，我对父母也十分孝顺。不仅平时要关爱老人，逢年过节时，也要邀请周围的老人一起吃团圆饭、联络感情。

我创办6Q教育后，也十分注意协助员工尽孝，当员工父母、公婆、岳父母等亲人去世时，他们不仅可以享受较长的丧假，还可以享受特别的抚慰金或慰问礼品。

在发展事业的过程中，如果发现有人不孝敬父母，我一般也不会选择与他们合作，因为一个连自己的父母都不孝敬的人，往往也不会在乎合作伙伴的需求与感受。

第二，富于冒险，敢于挑战新事物

做人要有冒险精神，要学会拥抱变化，勇于挑战新事物。冒险就是指不顾危险地进行某种活动，在设定目标之后，想方设法，敢于行动，不怕失败，勇于进取。

比如：我知道走夜路是有一定危险的，一开始我想把请姑奶奶这个差事推到哥哥、姐姐身上，可是母亲不断鼓励我去做。在出发后，我没有照明设备，我就借助别人家的灯光辨别方向。没有防滑钉鞋，我就沿着别人的脚印走路。没有降妖除魔的本领，我就老老实实踏稳木头过河。我发现很多方法，都出现在冒险的路上，越早行动方法越多。如果不去冒险、不去行动，就不会发现问题，也没有对应的解决办法。

第三，独立行动，能做到独当一面

做人要独立，要能单独承担某方面的工作或使命，做到独当一面，甚至做到“独木成林”。

比如，我去请姑奶奶这件事。我独立选择出发的时机，我并没有一起床就走，而是烧完火先让自己暖和起来，让自己彻底清醒了才走，因为如果睡意未消就出发走夜路，很容易出事。我独立选择工具，如手上拿着烧火棍等，在路上有备无患。我独立选择了回来的方式，我知道去的时候很痛苦，因为我是一个人在暗夜中摸索，回来的时候我就变换另外一种方式，我和姑奶奶携手同行、边走边聊天，面对各种困难都能一笑而过。

感恩影响

多年之后，每当我独自一人走夜路的时候，我就会想起小时候自己摸黑去请姑奶奶的事情。

小时候过年时，母亲总让我去请姑奶奶到家里吃团圆饭，这是一个尽孝、感恩的行为。因为姑奶奶年轻的时候帮助过我家：我家农忙时她会主动帮忙、食物紧缺时她会雪中送炭、我们没钱读书了她也会借给我们一些钱。

除了请姑奶奶回家吃饭外，我母亲感恩他人还表现在很多细节上。比如，母亲借了别人的一斗米，在还米的时候，她不仅还原来的那一斗米，还会用手多抓一把米给别人。母亲对我说："我这样做，是我不希望让别人吃亏。"当时，我家比较穷，别人的预期就是只要我家能还一斗米就不错了，没想到不仅能得到原来的一斗米，还能多收一把米，这就是回报超出了别人的期待。

受到母亲的影响，我明白尽孝、感恩的道理，我不仅自己想方设法对家人尽孝，也在课程设计方面有所体现，如"青少年 6Q 领袖营"里 SQ 营的主题设计为"爱与感恩"。我也是 SQ 营的导师，在授课过程中，我通过一些鲜活的例子教育孩子们，让他们学会如何孝顺父母、感恩父母，学会内化感恩、传递爱心。

下面分享我回家尽孝、办丧事的故事。

我回家尽孝、办丧事

几乎每一年的"青少年 6Q 领袖营"我都会作为跨班导师参与其中。在我的印象中，近 20 年来我只有两次没有参加营中授课。一次是 2015 年父亲走的时候，另一次是 2021 年母亲走的时候。

长期以来，我都在外面创业，发展 6Q 教育事业，很少回湖南老家，每次回家时我都通过高质量地陪伴父母，以尽绵薄的孝心。

2015年的一天上午，我在“青少年6Q领袖营”广东营地里上完课后正在休息。这时老家的人打电话给我说：“爸爸走了，快点回老家！”

我一听到这个消息，一股悲伤涌上心头，同时父亲那5段正面图像（父亲忘我劳作、父亲带我去治麻疹、父亲挑我和弟弟去上学、父亲步行卖猪仔筹学费、父亲驼背了）在我的脑海里不断闪现……

人们说没有父亲的孩子，就没有了依靠、没有了精神支柱、没有了心灵沟通的对象，时不时会感到失落、孤独和无助。当听到父亲走的消息时，我也感到深深的失落、孤独和无助。

授课任务这么忙这么重，我到底要不要回去尽孝、办丧事？这时，我启动了经常在“高EQ智慧父母”一阶现场演练的大脑中心与心灵中心对话。

我闭上眼睛，想象着大脑中心与心灵中心对话。

大脑中心：“心灵中心，你好，我现在有点为难，我手头有很多事情要做，公司的很多事情要处理，6Q领袖营有很多孩子需要训练，我不能轻易离开。我长年在外面工作、授课、传播6Q智慧，要让全中国四万万家庭和谐起来，我身上的担子很重，且前方的路也很远……”

心灵中心：“大脑中心，你好，我感受到你失落、孤独和无助的情绪，我知道你这么努力工作、全身心地授课，不是为了自己，而是为了大家，为让更多家庭和谐幸福。然而，养老送终是基本的孝道。爱自己才能爱他人，爱小家才能爱大家。自古忠孝难两全，这一次就追随你内心的想法，回到你魂牵梦绕的故里去尽孝道吧。如果不回去的话，可能人生会有更多的遗憾……”

通过一番的自我沟通之后，我思路更加清晰了，决定回家尽孝、办丧事。我停下手中的工作，跟“青少年6Q领袖营”“一办三团”的相关人员商量更换了一位经验丰富的授课导师。

在回湖南南县老家农村办丧事之前，我跟我太太沟通：“我回去以后到底怎么办？丧事要办成什么样的规格？大概要花多少钱？”

我太太说：“没关系，丧事的费用，我们可以多承担一些，其他的事情，由家族成员商定。”

我回到家里，看到很多亲戚披麻戴孝在父亲的灵堂前表达自己的哀伤，还有很多人聚集在老家附近准备丧葬的各项工作。

我大哥看见我回来了，就组织姐弟们开了一次家庭会议，让大家充分表达自己的想法。

大哥说："这个丧事的预算就是10万块钱，可能会超支一些。看看大家怎么凑这个费用。"

这时，大家都沉默了。

这个时候，我不能说所有的费用我来付，因为这样做的话，别的孩子会觉得自己没价值，但是我也不能说大家一起来平均分摊。我读书的时候就离开家乡，去武汉读大学，又去广东打工创业，现在6Q教育也在不断成长当中，怎么能够体现我的担当呢？

见大家没有说话，我就先表态了："我讲两点我的想法。第一点，办丧事的预算就以大哥说的以10万块钱来算吧，我们五个孩子、大家先按照自己的想法，觉得你们家庭现在生活好了、愿意承担多少钱，自己家庭内部商量决定一个数。等大家都交完钱了，剩下的部分我再来兜底，你们看怎么样？第二点，我没有说我要全部付这个费用，我也没有说让大家五个人平分这个费用。最后谁付了多少钱，只有我们五个人知道，外人不能知道，这样大家交多交少，都有面子。总之，大家有钱出钱、有力出力，一起把这个丧事办稳妥。"

说完之后，大家都同意且安心了，很快就把丧事的钱筹齐了。

接下来的几天，我都听大哥的安排，因为大哥是家里的长子，是父亲丧事的组织者，我们只能听他的安排，按照农村殡葬流程一步一步地操办。不能因为我是企业高管、成就高、出钱多，就能做组织者，一切都要按送葬方式、长幼排序、地方习俗来操办。

最终，在物质方面，我给父亲养老送终提供了有力支持，在精神方面我也尊重传统的丧葬习俗。在守孝的日子里，我一边协助母亲和其他家族成员处理哀伤的情绪，一边跟大家集体回忆我父亲各种正面的图像和父亲身上的优点。

通过这件事，我对于尽孝有了两点感悟。

第一，趁早尽孝，智慧尽孝

儒、释、道三家的智慧中，就有很多关于孝道的阐述，下面摘录几句。

《孔子家语·致思》说：“树欲静而风不停，子欲养而亲不待。”意思是，树想要静止，风却不停地刮动它的枝叶；子女想要赡养父母，但父母却已等不到这一天。所以，我们对父母、对亲人尽孝要趁早，还要懂得智慧的方法。

《礼记·内则》说：“孝子之养老也，乐其心不违其志，乐其耳目，安其寝处，以其饮食忠养之，孝子之身终，终身也者，非终父母之身，终其身也。”意思是，孝子对父母奉养，要做到不违背父母的意愿，使父母从心里感到愉悦。让父母赏心悦目，休息起居安逸，饮食无忧，直到孝子生命结束。这里所说的终身，不是终父母之身，而是终孝子之身。

《孟子》说：“世俗所谓不孝者五：惰其四肢，不顾父母之养，一不孝也；博弈好饮酒，不顾父母之养，二不孝也；好货财，私妻子，不顾父母之养，三不孝也；从耳目之欲，以为父母戮，四不孝也；好勇斗狠，以危父母，五不孝也。”意思是，世俗所谓的不孝行为，有五种：四肢懒惰，不尽赡养父母的义务，是不孝之一；赌博酗酒，不尽赡养父母的义务，是不孝之二；贪婪财物，偏爱妻子、儿女，不尽赡养父母的义务，是不孝之三；放纵自己的声色欲望，让父母感到羞辱，是不孝之四；打架斗殴，危害到父母，是不孝之五。

可见，尽孝最简单的方法就是在物质方面支持老人家、在精神方面关怀老人家，让老人家开心、快乐。而不孝的做法，就是不赡养父母，贪图享受，让父母蒙羞受难。

为了方便广大学员学习孝道大义，学会传递爱、传递感恩。我在“高 EQ 智慧父母”一阶中，总结了传递爱的 6 种方式（肯定的言语、服务的行动、珍惜地相处、精心的礼物、身体的接触、爱重要他人）。其实，很多人如果能够做到常回家看看，能够高质量地陪伴父母，能够通过这 6 种方式向父母传递自己的爱意，就是尽孝的表现，而不是说没有钱就没有能力尽孝。

第二，终生尽孝，三恰连贯

学习是一项终身事业，尽孝也是一项终生行动。这里所说的终生尽孝，不是以父母的离世为终点，而是孝子的消亡为终点。我们常说，6Q 和谐的人可以活到 123 岁，我希望自己能活到 123 岁，尽孝也要尽到 123 岁。

有人会问如果父母都走了，还尽什么孝，连尽孝的对象都没有了。

尽小孝是传递小爱，而尽大孝就是传递大爱。父母走了，还有亲人，亲人走了还有其他人。

正如《孟子·梁惠王上》所说："老吾老，以及人之老；幼吾幼，以及人之幼。"意思是，在赡养、孝敬自己的长辈时不应忘记其他与自己没有亲缘关系的老人。在抚养、教育自己的晚辈时不应忘记其他与自己没有血缘关系的小孩。

我母亲当年叫我去请姑奶奶回家一起吃团圆饭，就是一种"老吾老"的尽孝行为。

人们终生尽孝，就是要终身传递爱、传递感恩，当然一切都要从爱自己开始，只有爱自己才能爱他人、爱小家、爱国家、爱自然、爱思想，每个人都要努力经营好自家，才能心系家国天下。

尽孝要同时进行物质方面的支持与精神方面的关爱，还要注意做到"三恰连贯"。

自恰：我身心灵即 6Q 越来越和谐了。

他恰：我你互动越来越双赢、我你情境越来越匹配了。

续恰：我的过去现在与未来越来越连贯了。

不论过去、现在与未来情况如何变化，人们有条件时要尽孝，没有条件时也要创造条件尽孝。

一般来说，尽孝有三个层次。

第一层次：物质上满足父母。保障父母衣食住行医用等。

第二层次：精神上关怀父母。多聆听、多欣赏他们的心声和成长经历，对彼此都是滋养。

第三层次：传承上超越父母。让父母的良好基因与智慧在我们子女身上得到充分的传承与绽放。

很多人尽孝达到第一个层次就停止了，我希望越来越多人通过自己的努力，实现尽孝的第二个、第三个层次，不仅要在精神上关怀父母，还要把父母良好的基因、优秀的品质与智慧一代代传承下去。

我独立运作社区家长学校

小时候受到母亲的影响，我独立做事的能力越来越强，能够独当一面、利用资源、积极创新、克服困难、解决问题。小时候我能够在暗夜中摸索出道路来，长大后我在创业中也独立摸索出了一条商道（6Q 教育家庭系统成长模式）。

下面，分享我独立运作社区家长学校的故事。

2003 年，6Q 和谐理念萌芽。2006 年 10 月 26 日，我创立了 6Q 人才成长 V 模型，通过培养人的 6 个 Q 以实现人的身心灵和谐。

一开始做市场推广时还是很艰难的，因为当时 6Q、6Q 人才成长 V 模型、6Q 亲子沟通四方格等这些理念还是比较新鲜的，人们接受它们需要一段时间。

创业之初，就像一场孤独之旅，所有的想法与决定，都要自己把控，因为没有先例，所以既没有借鉴之处，也没有参考的地方，我只能独立摸索，走一段全新的“夜路”。

有一次，我在某居委会办理户口和党组织挂靠手续的过程中，听那个居委会的主任说，他们很希望小区能够成为一个学习型小区，但是他不知道怎么开展工作，期待有人能跟他们一起举办一些讲座。

我灵机一动，迅速抓住这个社区的需求，并且与居委会主任达成共识，要协助他们创建一所家长学校。

当时我们采取了一种三赢合作模式：居委会主任当校长、提供场地、办理家长学校的公章，我既当授课老师又做市场招生人员。这个模式是对居委会主任好、对我好、对社区好，从而实现了三赢。

于是，我就准备教案，设计学习型社区的系列讲座主题，每周在社区里开展1—2次讲座。

我把开课的广告贴到电梯口的社区公示栏里，居民进出楼栋时会看公示栏，所以大家都知道了居委会开了一所家长学校的消息。

当时小区里还没有LED灯箱，我就独立思考、利用资源，弄来了一个社区信息告示栏，把讲座的主题、讲师、时间、地点等信息写上去。就这样，家长学校的市场推广就以官方的名义，快速在整个小区传播开来。

虽然有“官方支持”，但是一开始招生也很艰难，并没有什么人来参加家庭教育主题讲座，人们不知道我们在“Q什么”，还以为是某互联网公司来推销产品。

有一个周末的晚上，我准备好了教案，到教室里等学员。因为上周就宣传出去了，今天上课时间是晚上7点到9点钟，主题是“怎样培养自信的孩子”。我从晚上6点开始，就一个人在空荡荡的教室里等着，结果等不到学员，却等来了一场雷阵雨。

几道炫目的闪电在居民楼的上方伸展开来，“轰轰隆隆”几声闷雷滚过天际，随后倾盆大雨哗啦啦地下个不停，小区成了朦胧的水世界……

到了晚上6点57分还是没有一个人来，我想：今晚应该不会有人来了吧，外面不仅风雨交加还电闪雷鸣，大家都躲在家里的安乐窝，有哪个居民会冒着危险来听我的课呢。

我又想既然自己花了这么大的精力准备好了教案，那就硬着头皮等到7点吧，如果7点钟还是没有人来，我就回家照看孩子了。

没想到，到了晚上6点59分，一个家长“噔噔噔”地跑进教室，他手里拿着一把刚收起的黑色雨伞，雨伞还在不停地滴水。

那位家长环顾教室发现没有人，有点不好意思地问我：“刘老师，今晚还上课吗?”

我高兴地说:“当然上了,一个人我也要上,我们开家长学校就是要按计划上课,雷打不动、风雨无阻,不管人多人少。”

就这样,一场别具一格的“授课”开始了,教室外面雷雨交加,教室里面师生互动。因为只有一个学员,所以我跟他交流互动的时间比较多,我不仅分享我母亲如何培养自信的我,还分享了我在家里如何培养自信的孩子。授课结束后,我很开心,因为终于有学员来听课了;而那位学员也很开心,因为他不花钱还能享受“顶级讲师”一对一的 VIP 授课。

“小区家长学校的刘老师很负责,只有一个人他也会上课。”很快小区家长学校的口碑就传播出去了,学员越来越多。从 2008 年到 2009 年,我给社区居民们授课的主题包括“怎样培养自信的孩子”“怎样培养自控的孩子”“怎样培养创新的孩子”“父母育儿理念不一致,怎么办?”“孩子沉迷电视、电子产品怎么办?”等等,社区的居民们都很受益。6Q 和谐理念就慢慢地宣传出去了。

不过,学员多了,也带来一些意想不到的麻烦。因为我上课的内容比较多,如果学员不注意听的话,很容易就忽略过去了。

朱熹说:“读书有三到:心到、眼到、口到!”开课前,我为了集中大家的注意力,我经常安排学员做一个“齐声鼓掌”的环节,让家长学员做到“三到”。我设计的问好方式是,我向学员问好:“大家好。”学员齐声答:“好,很好,非常好。”同时,学员依次做出竖大拇指、竖双大拇指、双“V”等三种手势。然后,学员再连续鼓掌三次,我通过这些方式,让大家把注意力集中起来,跟着我的逻辑思考,实现“同频共振”。

有一次,学员们一起鼓掌,教室外的人听到掌声,以为我们是搞“传销”的,立刻打电话报警,派出所派来了两位民警。当时,我心里有些紧张,生怕小区家长学校办不下去了。

没想到,那两位民警在教室后面跟着家长学员们一起听课,他们听了 20 多分钟就走了,也没有找我的麻烦。后来,我更换了一种提神与集中精力的方法,不需要学员鼓掌,改为大家举手抢答,我发福利。

对于当时报警的人，我也心怀感恩，这件事说明两点：一是小区的群众很关心小区的活动，坚决举报违法行为，防范意识强；二是民警热心为民服务，很负责，重视辖区公共安全，一有人报警，立刻出警调查，调查的结果不是搞传销而是开展讲家庭教育的课程。这样一来，这个社区家长学校的名声更大了。后来，其他社区的居民有家庭教育的问题，民警和社区调解员都会推荐他们来听课。

我独立运作社区家长学校一年后，开始走出小区，要为全国更多家庭服务。2007 年我创立了 6Q 教育品牌，第 1 期“青少年 6Q 领袖营”开课。后来，为了减少亲子对抗情绪，我创建了 6Q 教育家庭系统成长模式，就是家长与孩子进行“同步教育”，家长学习“高 EQ 智慧父母”一阶、二阶、导师班、天使班，孩子参加“青少年 6Q 领袖营”，全家人提高情商智慧，让他们做人有格局、做事有智慧、沟通有方法、相处有爱的流动，在一起时彼此滋养，不在一起时各自绽放，家庭才实现真正的和谐。最后，我又在全国很多地方成立办事处，将 6Q 教育课程体系推向全国。

通过这件事，我总结出独立做事的两个经验。

第一，独立实践，意志坚定

一个人要想独立完成一件事，一定要敢于尝试、勇于实践，在独立实践中摸索出经验来，再复制与传递给其他人。独立实践，就是一个人也要像一个团队一样做事。像我在独立运作小区家长学校时，很多时候，都是我一个人独立开展工作，我独立宣传、独立招生、独立授课、独立改进。因为生命有限，父母不可能帮我们一辈子，很多时候都需要我们独自摸索、独立做事、勇于创新、攻坚克难。

小时候，母亲让我在黑暗中摸索道路，让我在寒冷中坚持到底，让我在恐惧中训练胆量。后来，我不仅可以独立走现实生活中的夜路，也可以独立走创业的道路。

意志坚定，就是能够掌控自己的行为和意念，坚持做正确的事情，不成功就不罢休。像我独立运作小区家长学校时，有一天只来一个学员，我到底上不上课？有些人认为只有一个人搞一对一授课，太亏了，还不如回家睡觉。但是，我还是靠着坚强的意志很开心地讲完课，传授了所有课程知识；以后不论有多少人来我都会认真讲完课，因为一个人我都会讲，我还怕人少吗？

在导师班，我经常对其他授课导师说："你们讲课时，不用担心人少，只要你们将 6Q 的智慧剖析清楚，将知识点讲到位，把生活的案例讲生动，就不愁没有人来。假如只来两个学员，那说明你们比我这个总导师还要厉害！因为我的课曾经只有一个人来听。"

第二，独立思考，勇于创新

一个人要想独立完成一件事，就要独立思考、勇于创新，只有独立思考才能捕捉机会。只有勇于创新，才能精益求精，立于不败之地。

当机会来时，人们通过独立思考可以将机会变成发展自己的机遇。比如：创业之初，我也不知道怎么将课堂引入小区。但在听到居委会主任希望把小区发展成为一个学习型小区之后，我通过创新思考，马上把需求变成机会，我可以协助他们创建一个家长学校，并实现了三赢。后来，这个居委会创建的家长学校还被评为区里的优秀家长学校。当年区里一共只评出两个优秀单位，这个居委会就是其中之一。

当危机来时，人们通过独立思考、勇于创新，这样既可以化危为机，也可以精益求精。比如：小区家长学校被人误以为搞传销时，我通过独立思考，创新解决问题，把"齐声鼓掌"变为"举手抢答"，这样既能集中家长学员的注意力，也避免了其他社区群众的怀疑。

就像小时候我摸黑走夜路一样，我走多了、思考多了，就能想出解决问题的方法，比如借光辨路、走别人走过的泥路、拿烧火棍给自己壮胆等。如果不亲自走几趟的话，我心里永远只会害怕，只有独立思考、独立行动、敢为人先、勇于创新、坚持不懈，才能走出一条新的路子来。

智慧行动

父母如何教育孩子孝顺？

我们先看一个案例。

在一列地铁的车厢内，一对爷爷奶奶带着10岁左右的孙子虎子（化名）坐在座位上。

地铁开动没多久，虎子就闹着要喝饮料。

爷爷把饮料收到袋子里说：“地铁有规定，在车厢里不能饮食。”

奶奶也劝道：“是呀，大家都要守规矩，不能喝饮料，不能扔垃圾，要共同保持地铁的干净卫生。”

没想到虎子叫起来：“快给我饮料！”

爷爷有些犹豫不决，但是双手还是紧紧地捂住袋子不给孙子。

这时，虎子生气了，他用脚开始踢踹爷爷。

爷爷叫起来说：“不许打人。”

奶奶在旁边拉了孙子一下，结果也被孙子反复踢踹。

为了阻止孙子的暴力行为，爷爷抱住孙子的腿。

结果虎子居然脱下鞋子，打向爷爷的头部。

幸好到下一个站时，旁边的人将这个情况告诉了车站工作人员，工作人员让他们出了地铁，请值班民警好好教育了孩子一番。

故事中，孙子对着爷爷奶奶大打出手，孝道荡然无存，孩子连起码的尊重人、理解人、体谅人都做不到，更不要说帮助人、关爱人了。很多父母经常让家里的老人家帮忙带孩子，由于育儿理念冲突，有的溺爱，有的纵容，有的包办，有的放任，有的无视，结果孩子觉得全家人都要以他为中心，一言不合就发脾气、拳打脚踢，通过暴力来解决问题。这样的孩子如果不严加管教，长大之后，父母和老人的生命安全都可能受到威胁，更别指望得到他们的孝敬了。广大父母应该引以为戒。

那么，父母怎么教育孩子孝顺？这可以从三个方面入手。

第一，父母以身作则，引领孩子尽孝

如果条件许可的话，我建议还是由亲生父母照看孩子，因为根据《中华人民共和国家庭教育促进法》规定："父母或者其他监护人应当树立家庭是第一个课堂、家长是第一任老师的责任意识，承担对未成年人实施家庭教育的主体责任。"父母是孩子的第一任老师，父母的言行举止会对孩子产生深远的影响。

如果父母能够在家里以身作则，关心老人、爱护老人、尽孝心行孝道的话，孩子也会以父母为榜样，关心和爱护老人家。如果父母对于家里的老人家漠不关心，只当老人家是免费的保姆，呼来喝去、指桑骂槐、暴力相向，估计孩子也有样学样，会粗暴对待老人家。

故事中，虎子对着爷爷奶奶大打出手，虎子的父母有很大的责任，要么是父母自己没有做好榜样、对老人家缺乏爱护与感恩，要么就是父母自己没有在家里好好教育孩子，不懂得引领孩子如何尽孝。父母把教育孩子的责任直接推给老人家，老人家又不敢得罪孩子，因为老人家一得罪了孩子，父母就会找老人家的麻烦。长此以往，就会有越来越多的"熊孩子"对老人家大打出手。

第二，给孩子传播正确的孝义、孝道

父母平时工作很忙，一旦闲下来就要高质量地陪伴孩子，多给孩子讲一些有关孝顺的故事，如讲二十四孝故事等，让孩子了解孝顺的重要性，以及尊重家人、关心家人的重要性。

父母也可以借助传统的孝道、孝德、孝故事教育孩子，帮助孩子树立尽孝的基本意识。

下面摘录一些关于孝道的经典语句。

《围炉夜话》说："百善孝当先。"意思是，孝敬父母是各种美德中占第一位的。

《孝经》说:“夫孝，德之本也。”意思是，孝是一切德行的根本。

《论语》说:“孝弟也者，其为仁之本与?”意思是，孝顺父母、顺从兄长，这就是仁的根本啊!

《孝经》说:“孝悌之至，通于神明，光于四海，无所不通。”意思是，对父母兄长的尊敬顺从达到了极点，这种孝悌之心就能通达于神明，充溢于整个世界。

《论语》说:“弟子入则孝，出则弟，谨而信，泛爱众，而亲仁。”意思是，为人弟为人子的人进家要孝顺父母，出外要顺从兄长，行为时常谨慎、守信，博爱大众，而亲近仁者。

《孟子·尽心上》说:“亲亲，仁也;敬长，义也。无他，达之天下也。”意思是，亲爱父母是仁，尊敬兄长是义，没有其他原因，因为这两种品德是通行天下的。

其实，人们尽孝心行孝道的本质，就是在家庭代与代之间、人与人之间传递一种亲情、仁爱、感恩的情感。

故事中，虎子对着爷爷、奶奶大打出手既不爱护亲人，也不体谅老人家，父母可以向他加强传播正确的孝义、孝道，让他真正认识到自己行为是不对的，是有悖于孝德的。父母如果执意不教育的话，最终社会会给孩子教训，让他们“守规矩”。

第三，奖励尽孝行为，让尽孝成为习惯

为了让孩子形成尽孝的好习惯，包括孝顺父母、孝顺长辈等，父母可以通过物质奖励与精神奖励等方式激励孩子持续尽孝。父母及时的激励，让孩子觉得自己小小的尽孝行为被看见、被尊重、被理解，以后他们就会长期坚持尽孝，让尽孝成为一种习惯。

孩子通过不断实践与修炼，从小孝变成大孝。不仅父母可以感受到孩子的孝心、孝德，连父母的父母、家族的其他人员也会从中受益。

反过来，如果孩子不尽孝，父母就给孩子一些温柔的惩罚（如帮忙做家务、没收玩具等），让孩子明白不尽孝、不尊重长辈、不尊重父母，也要付出一定的代价，最终孩子们会潜心学习孝道。

故事中，虎子对着爷爷奶奶大打出手，根本不明白什么是孝道、孝德，可能做人都有问题。所以，父母需要有一套惩罚机制来制约孩子的不良行为，就像唐僧用“紧箍咒”来管教孙悟空，如果父母管教孩子的效果不佳，可以向专业人士求助。

印案例

如果孩子遇到问题，先尝试自己独立解决，如果自己不能独立解决，就要及时向别人求助。我结婚后，有了两个宝贝女儿，我开始运用母亲的智慧教她们独立做事、减少依赖感。

我培养大女儿独立做事

我的大女儿在八九岁的时候，就可以一个人从家里坐地铁到广州购书中心去看书，并且坐地铁回家。她是怎么做到的？我做了以下五点。

第一，独立的理由：做自己喜欢的事

我先让她找到独立的理由。在她八九岁的时候，我发现她喜欢看书，就带着她到广州购书中心看书。看书的次数多了，她就学会了借书、看书的方法，还养成了看书的习惯。到了周末，我问她想不想去购书中心，她说很想去。于是，我就引导她独立去做自己喜欢的事情。

去购书中心要坐地铁，为了教她正确地坐地铁，第一次我就手把手教她。我把去广州购书中心的整个过程，一边示范一边跟她说，包括从起点站哪个口进去、在哪里买票、坐电梯需要注意什么、坐地铁时如何保护自身安全、坐到哪个站转车、终点站从哪个出口出来等。

第二，独立的思考：懂得目标与方向

乘坐地铁还要学会看线路图、还要记住一些关键的站点，否则容易迷路。在带大女儿坐地铁时，我通过提问的方式引发她的独立思考。

在地铁站台上，我问她，你要坐哪边的列车才能到广州购书中心？这时，她开始独立思考。我们乘上列车，我问她，还有几个站到终点站？她就会抬头查看列车两边的路线行进图，数一数还有几个站。

到了终点站，我又问大女儿要从哪个出口出去。她开始搜索地铁里的指示牌，查看关于地面的地图。出了地铁口之后，因为要走一段路，我又问她要走哪条路、在哪个路口转向哪边。大女儿一边凭着记忆走，一边问路人，最后我们成功到达广州购书中心。

我们在广州购书中心看书，到中午的时候，我听到大女儿肚子饿得咕咕叫，就问她去哪里吃饭。于是，她开始在广州购书中心附近找餐厅吃饭，吃完饭后她又回去看书。到了晚上，我和她按原路返回，在坐地铁的过程中我又重复教她如何判断回家的方向、如何看地铁路线图、如何记住关键站点。

第三，独立的测试：放手让孩子去做

经过前三次的带领，到了第四次的时候，我完全放手让她去做，让她自己决定、自己纠错。

这回大女儿是向导，我虽然还跟着她，但是我不再提醒她了。到了地铁站台，到底是坐左边的列车还是右边的列车，全靠她自己判断了，我故意装作什么都不知道。有时，我会故意走错方向，在去其他方向的列车前排队，大女儿都能及时发现，把我带到正确的方向上来。

在车上，我也不提醒她，结果，她比我还着急，提前两个站就要我做好下车的准备，一到站就拉着我向外冲。

有时候地铁站里很拥挤，为了确保安全，她就拉着我等所有人都走完了才去乘坐电梯。

出地铁口去购书中心的路上，我发现她走错了，我也不提醒，等她走了一段路，发现根本没有购书中心的影子，她才知道走错了。于是，她又拉着我原路返回，通过询问地铁站工作人员和路人，多次纠正方向之后，终于到达广州购书中心。

第四，独立的应对：发现与解决问题

在广州购书中心看书的时候，中午要找餐厅吃饭，有时候常去的餐厅不营业，大女儿就要想办法解决吃饭问题。她要么去购书中心附近的便利店买牛奶、蛋糕吃，要么问购书中心的工作人员在哪里有饭吃。

有时候大女儿很晚才回来，有些地铁线路与出口暂停运营了，这对她来说是个挑战，因为我从来没教她怎么办。她只能独立应对，自己看地铁路线图，找其他路线回家。天色越来越晚，我在家里焦急地等待大女儿。一直等到她回来我才放心，我知道她已经可以独立应对一些突发状况，并能安全回家了。所以，后来我就放心让她自己一个人去购书中心看书了。

第五，独立的行动：要牢记注意事项

八九岁的女孩子独自出门，安全最重要，所以在大女儿独立行动之前，我还叮嘱她牢记一些注意事项。比如：要记住父母的电话号码，不要在电梯上面乱蹦乱跳，防止自己的鞋带或者衣服被电梯门或电梯缝隙卡住……

还有就是“财不外露”，我让她一定要保管好身上带着的路费、午餐费。拿钱买票时，要知道去哪里买票、大概要多少钱，要提前准备好零钱。如果没有零钱，要去人工窗口换零钱，不能拿着大面额的钱走来走去。如果在自动售票机上买票，要知道在地图上选起点站与终点站，要知道从进钞口把纸币平放

进去，付了钱要及时拿走单程票与找零的硬币。

父母在教孩子做人、做事的时候，一定要注意做到80%的和谐沟通，还要做到4%示强与16%示弱。父母如果能在确保安全的条件下大胆放手让孩子去做，孩子大多就能独立成长、绽放自我。这里分享《6Q橄榄球型智慧父母》智慧导图。

智慧导图:《6Q橄榄球型智慧父母》

解释：橄榄球两头小、中间大,《6Q橄榄球型智慧父母》阐释了在亲子沟通中要坚持做到三种比例、三种沟通方式，也就是4%示强、16%示弱和80%展示关爱、民主、自由、平等、尊重、三赢。示强，就是父母保护自己领地、边界、底线的一种智慧，在涉及法律法规、道德规范、安全风险等问题时，父母要向孩子示强；示弱，就是一种适应环境、尊重他人、顾及情境的智慧，在确保安全的前提下，父母放手让孩子独立做事、让孩子迅速成长；关爱，就是父母关怀爱护孩子；民主，就是父母密切关注孩子，有事同孩子商量，虚心向孩子学习，以平等的态度对待孩子；自由，就是父母要保护孩子人身、表达、信仰、交友等的自由；平等，就是父母与孩子要平等对话，让他们平等参与家庭事务决策；尊重，就是父母要尊重孩子的人格和尊严，保护孩子的隐私权，既不溺爱，也不体罚孩子。三赢，就是父母与孩子、他人，三方都获得成长。智慧父母通过这三种比例、三种沟通方式，就能够做到“和谐自我、绽放他人”，孩子也能持续成长。

综上：年三十晚，冷夜无情，人间有情。年幼的我在黑夜中摸索前进，帮助我养成了孝心、遵循了孝道，又锻炼了我独立做事的能力。“百善孝为先”，中华传统的孝道文化教会了我们很多做人的道理。母亲让我请姑奶奶回家过年，虽然母亲没有讲任何大道理，但是她却给我创造了尽孝的机会。母亲通过言传意会，教我做人的道理，包括做人要懂得感恩、懂得孝顺。在父亲走的那年，虽然工作很忙，但我还是停下手头的工作，回家尽孝，努力办好丧事，送父亲最后一程。在独立做事方面，我不仅独立运作了家长学校、独立摸索了6Q教育家庭系统成长模式，还培养女儿独立自主。可以说，尽孝心、行孝道，让做人更加有责任心，更懂得内化感恩、传递爱心；而独立思考、独立做事，让人更主动，更自信，更喜悦。

★孩子的优点通过『父母的看见』来强化，孩子的未来以『父母的相信』为起点。

★如果长辈既没有金钱也没有智慧，那所能做的就是坚信晚辈们会越来越好。

★相信自己也相信他人，最终就能创造一个又一个奇迹。

第10件事

最具力量的话语

——妈妈相信所有人会越来越好

导语：因为相信，所以实现。积极的心理暗示，拥有神奇的力量。母亲间接夸我数学好，相信我的成绩会越来越好，我的数学成绩果然越来越好；我创办6Q教育后，母亲相信我的事业会越来越好，结果6Q教育真的越来越好。后来，母亲把相信的对象范围不断扩大，她不仅相信我会越来越好，还相信家里的其他人会越来越好，相信家族里的人会越来越好，相信所有认识的人都会越来越好。心理学上，有悲观主义的墨菲定律，也有乐观主义的麦可斯韦尔定律。有时候人们越悲观，越会遇到更多挑战；人们越乐观，事情会越顺利。生命的本质是向上向善的、喜悦创造的、绽放和谐的。所以，做人要乐观，要相信“相信的力量”，努力增强自己的自信力，就能持续向愿景与目标前进。

真情回放

一般来说，孩子的优点通过“父母的看见”来强化，孩子的未来以“父母的相信”为起点。我母亲从小就不断强化我的一些优点，不断相信我的未来。

这里，分享智慧妈妈第十件真实的事。

母亲常说：我相信你们会越来越好

在湖南南县某个村子里，有一栋三层小楼，一天清晨，天空云淡风轻，楼边树影婆娑，一位戴着红色保暖帽、穿着红色棉衣的老人家正站在楼边的村道上，不停地向远处眺望，那就是我的母亲。她身后那栋小楼就是我家。

那天，我的表哥和表嫂要来家里做客，我母亲很早就出来迎接。很快，我也加入了欢迎的行列。等到表哥和表嫂来了之后，我们一起在村道上散步。

大家走着走着，我就提议说：“妈妈跟我们家族的其他人讲几句话吧。”

母亲说：“好吧。”

我马上拿出手机要拍母亲讲话的视频，只见母亲不慌不忙地说：“我相信大家会越来越好，万事如意，平安发财，好好好。”

以前，我读中学的时候就离开了家乡，跟母亲相处的时间变得越来越少。后来，我参加工作了，也比较忙，平常也没有太多时间陪在母亲身边。所以，我拍下这个视频后，格外珍惜，时不时拿出来看一下。一是深情地怀念母亲，因为2021年1月31日母亲已经走了，我已经没有和母亲面对面交流的机会了。二是不断地相信自己：奋勇当先，为了完成6Q教育的使命、愿景和目标奉献自己的一生。

在我的印象里，母亲70岁以后一直到82岁寿终正寝，她经常挂在嘴边的一句话就是：“我相信你们会越来越好。”

每次，我跟母亲打电话的时候，不管前面说什么，她最后都会说：“我相信你们会越来越好。”

母亲不仅对我这样说，也对其他兄弟姐妹说。她已经养成了结束通话的用语习惯。后来，这句话变成她的口头禅，而且我发现这句话越来越有力量。

有时候，一些住得比较远的亲戚来我家做客，我母亲就陪他们在村里玩两三天，等到他们回去的时候，我母亲同样对他们说这句话。

有一次，村里来了一个衣衫褴褛、蓬头垢面的叫花子，村里的小孩一边围观，一边嘲笑他。等到叫花子来到我家门口的时候，我母亲没有驱赶他，也没有嘲笑他。她把叫花子留下来吃饭，临走前还给他一点钱，并对他说：“我相信你会越来越好。”那个叫花子哽咽着，眼里闪出了泪花，他向我母亲鞠了一个躬。后来，我再也没见过那个叫花子来我们村，或许他真的变得越来越好了。

有时候，我母亲还会跟一些进村里做小买卖的人攀谈，了解别人的生活，对于那些跟自己的经历相似的人，就特别同情与怜悯。

有一天，有一个人推着手推车进村收废品，他不仅收塑料瓶子，还收废铜废铁。我父亲把家里废弃不用的铁锅、铁铲等铁质的农具全部掏出来，要卖给他。我母亲就上前跟那个收废品的人攀谈起来。经过攀谈，我母亲了解到，他是附近村子里的农民，平常也种田地，只是家里有几个孩子在上学，经济压力比较大，所以在农闲的时候会走村串乡收废品，然后卖给镇上的回收站。虽然赚不了几个钱，但是总好过没有。

以前，我家里也是几个孩子一起读书，我母亲深知这种压力与苦衷，于是她就跟我父亲说：“你那些废铜废铁、破破烂烂的东西，送给他就算了，他跟我们以前一样家里也有几个孩子读书。”我父亲只好照办，一分钱也不收。等他装完车要走的时候，我母亲就对他说：“我相信你们会越来越好。”

有一年，在我母亲生日那天，我们姐弟几人给她操办了一场寿宴。当时，我的亲戚、朋友、同学都一起过来祝寿，还有一些村民也过来帮忙做杂活。等到宴席结束的时候，我母亲就站在门前要亲自送大家离去，她对每个客人都说了同样的话：“我相信你们会越来越好。”

我母亲逢人就说这句话，不仅对我家族的人说，还对家族外面的人说，这已经养成一种固定的交流习惯。

让人惊喜的是，在我母亲的相信之下，我的家庭、我的家族确实变得越来越好。具体表现在几个方面：

第一，我家族每个人的精神状态越来越好。大家经常面露笑容，意气风发，对未来充满信心。

第二，我家族每个人的经济发展越来越好。外出打工的人有了一番成就，在家务农的人也盖起了楼房，创业的人事业也蒸蒸日上。

第三，我家族每位成员之间的关系越来越好。大家更有勇气、更有信心去面对以前不敢面对的一些矛盾与冲突，还可以把矛盾化解成增进情感的机会。

我平常工作比较忙，很难回去看望父母。于是，我就想接母亲、父亲来广州住，以尽点孝心。

可是，母亲、父亲由于年迈，都不愿意到城市生活。他们来广州待了一段时间就不习惯了，然后又返回农村。他们宁愿在村里面自由自在地走来走去，也不愿意在城市里熙熙攘攘的街道逗留。因为村里宁静淳朴、环境清新，好比世外桃源，他们跟大自然连接的空间更大。还有，他们长期以来养成了日出而作、日落而息的生活习惯，根本不适应城市丰富的夜生活。在人际沟通方面，他们跟村里的人都很熟悉，但在城里没有几个熟人，即使住在同一栋楼里的邻居，平常也难得一见。

我想尽孝，但是母亲、父亲不愿来广州，怎么办？于是，我想到了一个方法，花钱请弟弟、弟媳在老家照顾他们，同时调动亲戚的力量去照看我母亲，这些亲戚的力量包括我哥哥、姐姐的孩子等。

母亲、父亲从广州回湖南老家后，我就跟外甥女（我姐姐的女儿）商量：“你有时间就过去看望外公、外婆怎么样？”

外甥女说：“好呀。”

我连忙说：“你能去就是帮我的大忙了，我赞助所有的伙食费，以及报销你来回的路费。”

就这样，外甥女每周都安排时间去看外婆、外公，而且每次去她都很高兴，因为有伙食费和路费作为保障。有时候，外甥女会在镇上买一点好吃的东西带去给外公、外婆。有时候，她会到河里抓泥鳅、网鱼，捕捉到新鲜水产后就第一时间送给外公外婆吃。

通过这些事情，我和外甥、外甥女的关系越来越好，我母亲、父亲也很开心，因为他们在家里也能感受到外地子女的孝心。

后来，我又跟母亲说："外甥女来看望你时，你要奖励她一番，让她的干劲越来越足。"于是，我母亲开始奖励外甥女。当时在市面上买一条大鱼大约要 100 块钱，当外甥女带来一些小鱼时我母亲却给她 200—300 块钱，并且对她说："剩下的钱都是奖励你的孝心的，所以不用还给我了。"

这样的奖励有什么好处？外甥女很开心，既能帮助我尽孝，还有额外的奖励。这个奖励，对外甥女来说，也是有大用处的。因为，她要带两个孩子，平常也做不了什么农活，但家里的日常开支也不少，我母亲奖励她的孝心，相当于间接给她一点钱。每次我母亲和外甥女一起吃完饭，在送走外甥女时，我母亲都会说："我相信你们会越来越好。"后来，我的外甥女真的变得越来越好，她的孩子也越来越有出息，还在村里建起自己的房子。最有意义的是，我外甥女，还有我们家族的人，也养成了一个口头禅，那就是"我相信你们会越来越好的"。

看到外甥女的变化，我母亲很开心，所以她见到每个人就会说那句话。

受生活条件的影响，我母亲是一位很好强的女性，她只要想做什么事，都会果断去做。

在我母亲去世的前一周，我姐姐和大嫂全程陪着她在广州玩。我母亲平常是住在一楼的，有一天中午，她突然对我姐姐说："你扶我到楼上看看吧。"

于是，我姐姐就扶着我母亲上了二楼，我母亲在每个角落，包括过道、房间、走廊等都逗留一下，然后认真端详一些舍不得扔掉的物件，一边若有所思地点头，一边慢悠悠地说："真的很好，越来越好，我觉得很欣慰，真的会越来越好。"

看完二楼，我母亲还要到三楼查看，见到家里的各种物件与摆设越来越多、越来越好，家里人的生活越来越红火，我母亲很高兴。

我小时候家里的公粮被偷时，母亲吓晕了，她醒来后说，只要满足三个条件，她就可以放心地走了。这三个条件就是：所住摇摇欲坠的茅草屋下雨时三天不漏雨，煮饭时三天不向外借米，三天无人上门来讨债。目前，这三个条件都满足了，而她人生的大限也悄然而至。

第二天上午 10 点左右，我母亲在一楼的床榻上，平静地合上了双眼，走完了她 82 岁的人生旅程。在泪眼蒙眬中，我陷入了对母亲的深切追思和悼念。母亲积极为我解决校园冲突、母亲常说父亲的好、母亲让我把铲子放回原处、母亲请派出所所长为我洗刷冤情、母亲和我一起放弃做证、母亲让我请姑奶奶回家过年等等，那些过往美好的画面好像一个个圆满轻盈、闪耀七彩的气球缓缓升上天空，逐渐飘远，最后消失在蓝天白云中……

我母亲虽然走了，但是她留下来的经典语句依然显示出强大的威力，我家族里的人也开始用这句话来进行自我激励与激励他人。在我母亲的影响下，我姐姐经常对自己的孩子说这句话："我相信你们会越来越好。"结果，我姐姐的孩子也变得越来越好。

我母亲相信晚辈、相信大家会越来越好，给大家的内心注入了力量，现在这句话已经变成一种永恒的记忆，变成了一种思维的习惯，它给我家族的人带来很大的信心。大家知道在人生路上不管遇到什么困难，都要积极面对、冷静思考，总之相信未来会变得越来越好。

在家族传承中，有人热衷于财富传承，有人热衷于精神传承，有人二者兼而有之。我母亲留给家族更多的是精神传承，她留给晚辈最好的礼物不是金钱，而是智慧与信心。她的智慧，就是先做好自己，形成良好的生活习惯和人生态度，为晚辈做好榜样，然后通过言传身教的方式，把这种智慧传承下去。她的信心，就是每时每刻都在相信晚辈们会越来越好。

如果长辈没有金钱，但是有智慧，可以通过一些良言、好话，把智慧无私地传给后人。

春秋时期，孔子千里迢迢去拜访老子，在分别时，老子对孔子说：“吾闻之，富贵者送人以财，仁义者送人以言。吾不富不贵，无财以送汝；愿以数言相送。当今之世，聪明而深察者，其所以遇难而几至于死，在于好讥人之非也；善辩而通达者，其所以招祸而屡至于身，在于好扬人之恶也……望汝切记。”

意思是说，有钱的人用金钱送给别人，仁德的人用良言赠送给别人。我没有金钱送给先生，但愿意送上几句话。当今世上，聪明的人容易死，是因为他们喜欢讥讽别人的过失。善于辩论的人很容易招祸，因为他们喜欢说别人的错误。

老子无金钱但有智慧，所以他以智慧良言送给孔子。可见，长辈通过言传身教的方式，完全可以把自己的智慧传承下去。

如果长辈既没有金钱，也没有智慧，那所能做的就是坚信晚辈们会越来越好。

母亲为什么相信所有人会越来越好？

我的外公外婆很关爱我的母亲，给了母亲温暖的滋养，母亲因此形成了积极的个性。后来，我在陪伴母亲的过程中，也运用心理学的知识，发挥积极心理暗示的作用，帮助母亲增强她的自信与他信的能力。

第一，养成使用固定祝福语的好习惯

行为心理学研究表明：21 天以上的重复会形成习惯，90 天的重复会形成稳定的习惯。我在讲授“高 EQ 智慧父母”“高 CQ 智慧父母”“6Q 护学成长营”等课程时，在与学员互动结束后，我经常会对他们说：“我相信你们会越来越好。”这已经成为我的固定用语。于是，我开始帮助母亲学会用固定的结束语祝福别人。

首先，我要祝福她，然后她才能反过来祝福我。

于是，我就经常给母亲打电话，每次打电话结束时，我就会跟她说："母亲，我相信你的身体会越来越好，我相信我们的生活会越来越好，我相信我们的家族会越来越好。"

我不断重复地跟母亲讲，慢慢地母亲也学会了用我说过的话反过来祝福我，而且还养成使用固定祝福语的习惯。母亲不仅对我说"我相信你们会越来越好"这句话，还把这句话讲给所有人听。

难能可贵的是，母亲虽然年龄大了，但她还是愿意改变自己的说话方式，从"老是担心事情变坏"变成"相信事情会越来越好"。

母亲讲了这句话一段时间后，真的看到家族的成员越来越好，所以她就跟更多人讲，无论是认识的还是不认识的。她内心的担心和恐惧越来越少，而自信和他信越来越多，很多话她都能自然而然地讲出来。

第二，愿意采纳我的方法去积极暗示

母亲一开始并不相信"我相信你们会越来越好"这句话的威力。我就对她说："母亲，这句话是最简单的、积极暗示的方法，你每次与人交流结束时，就可以大胆地说出来，就能在你的内心与别人的内心产生正能量。只要养成习惯就好，一切都会变得越来越好。"

我很感恩母亲对我的信任，并接受我的建议长期坚持了下来。经过长期的相互积极心理暗示，我母亲的身体很好，几乎没有什么大病，我的家庭、事业、家族都很好，真正实现了"家和万事兴"。

第三，老人临终前用祝福语激励后人

在母亲最后的时光里，她曾经跟我说："一个人老了，临走之前要多讲一些后代的好话，这样后代才会越来越好。如果老人在死之前还要说后代的不好，这样后代很容易发展不好。"

这是母亲最大的变化，她不仅不担心了，还相信"相信的力量"，并养成良好的语言习惯，还反过来教我怎么做。

老人的一生，不论经历什么，在弥留之际，要对晚辈多讲一些好话，相信晚辈会越来越好，这是人生最好的礼物，也是最好的祝福。如果老人临走前，老是说晚辈的坏话，老是怨天尤人，老是担心这、担心那，不仅老人会带着怨念进入棺材，连晚辈的一生也活在咒骂的阴影和担心害怕之中。

感恩影响

母亲怎么增强我的自信力？

如果孩子自己没有自信，也不懂得如何运用“相信的力量”来激励自己，父母可以通过间接的欣赏来增强孩子的自信力。

这里，先分享母亲夸我数学好的故事。

我上小学四年级的时候，数学特别好，经常考 100 分。为了让我保持这个良好的学习状态与自信心，母亲就经常间接欣赏我。

有一天，我到同学家里玩，同学的母亲突然对我说：“你的数学挺好的。”

我诧异地问：“你怎么知道的？”

同学的母亲说：“你妈妈说你的数学特别好。”

接着，我又听到越来越多亲戚朋友说我的数学好，结果我一问，都是我母亲跟他们说的。

后来，我运用心理学相关知识分析，发现母亲其实是用了“大象耳夸奖法”。

母亲不仅当面欣赏我，还对别人讲我的优点，然后通过别人传达给我，让我在潜意识里不断强化这个优点、获得积极的心理暗示，结果我的数学真的越来越好，从小学到高中、到大学都是这样。

母亲不但欣赏我，还通过别人来欣赏我，这就扩大了我被欣赏的范围。在大家的集体欣赏与鼓励下，我学得越来越好。

学好数学，对我的生活与工作有很大的帮助，小到家庭日常收支，大到公司收付款管理，我都能快速算账，既懂得控制成本、减少支出，又懂得营销推广、增加收入。

一般来说，欣赏别人的方法包括：直接欣赏、间接欣赏、外在欣赏、内在欣赏、过程欣赏和结果欣赏等。

母亲欣赏我的方式，属于间接欣赏，也就是"大象耳夸奖法"。研究表明，大象的耳朵很大，听觉很灵敏，可以感知远处轻微的雷声和风雨声，并持续向暴风雨行进，它们通过追逐暴风雨来获得充沛的水源。同理，当周边的亲朋好友甚至很远的人都说我的优点时，我都能感知到并向这个优点持续行进。

由于小时候我的数学越来越好，在它的影响与带动下，我从小就很自信，我的其他科目也越来越好，我的身心灵越来越融洽，我的事业也越来越好。

我的自信主要表现在以下两点：

第一，自身有不足，并不影响自信讲课

我自信的第一个表现，就是能够随时随地自信地讲课。

我并不是一个完人，我自身也有一些不足的地方，比如我的个子不高、长得不帅、普通话不标准，但并不影响我很自信地讲个人成长和家庭教育的相关课程，包括"高EQ智慧父母""青少年6Q领袖营""高AQ智慧父母"等。

我讲课的时候，自信满满、激情澎湃、思绪飞扬。在做案例分析时，能将西方应用心理学知识和东方儒、释、道三家的思想精髓融会贯通。在做智慧总结时，能多维度洞察事物的本质、多角度进行正能量转化、全方位欣赏自己和他人。

结果，来听我讲课的人越来越多，有些课程的场次排到几百期，但家长

的热情依然不减，每场都有几百人、上千人来参加。有一次由于来听课的人数太多了，有3600多人，在统筹办积极调度下我不得不转移到一个大操场讲课，那是来听课的人数最多的一次。

后来，我培养了越来越多的导师，我通过持续地欣赏他们，最后他们也能自信地去讲课。因为自信的导师，发现课堂里的人越多就越兴奋，就能讲得越来越好。如果不自信的导师，发现课堂里的人越多，他们就会越恐惧，紧张得声音越来越颤抖，最后整个人也跟着颤抖起来。

第二，做到处变不惊，能主动引领别人

我自信的第二个表现，就是能够处变不惊、引领别人。下面，分享走玻璃栈道的故事。

2023年9月，当年暑假“青少年6Q领袖营”结营之后，我带着200多名员工去湖南张家界旅游，在旅游期间，我们来到天门山玻璃栈道。当时，天空飘着小雨、山风阵阵，面对1000多米高空的玻璃栈道，有一些游客害怕得一边摇头一边退回来，有一些人走过去时对着脚下透明的玻璃看了看，一下子就失了魂，脸色惨白、两条腿抖个不停，还有一些游客抱着栏杆、闭上眼睛大喊“救命”。这时候，为了让员工们迅速通过玻璃栈道，我处变不惊，先调节自我情绪，然后主动引领大家快速走过去，丝毫不受其他游客害怕、恐惧情绪的影响。

可见，我的自信表现在不管脚下是万丈悬崖、耳畔是呼呼山风，我总能守护好自己的心，泰然自若，不慌不忙地按照自己的节奏做事，不会因为别人害怕、恐惧的情绪而影响自己的发挥，也不会因为别人的阻挠而迷失自己的方向。我带领6Q人穿越了号称“天空之路”的玻璃栈道，我发现所有的6Q人都是自信的，都是活于当下、恒久喜悦、愿景清晰、坚持到底的人，我们既相信自己，也相信他人，最终在一起完成不可能的事情，创造一个又一个奇迹。

智慧行动

孩子被贴负面标签影响身心健康，怎么补救？

如果父母没有保护孩子的自信力，孩子遇到挫折时很容易一蹶不振。现在有很多大学毕业生出现内卷、啃老、躺平等现象。究其原因，一是社会竞争持续加剧、“僧多粥少”在所难免。二是个人的6Q发展不和谐，特别是自信力不足，导致个人发展的基石——灵性商数（SQ）偏弱。

这里，分享一个孩子失去自信力之后，生活越来越糟糕的故事。

2015年8月，我回了一趟湖南农村，看到有个人终日疯疯癫癫、言行怪异，众人叫他“猪脑壳”（化名）。

我了解到他已经步入中年，无妻无儿，孤独地住在一个简陋的房间里，生活不能自理，由他妹妹照顾他。他经常在烈日炙烤的夏日穿着大棉袄、在寒风凛冽的冬日穿着一条短裤到处捡垃圾吃。当别人制止他时，他还跟别人对着干或者是去偷别人家里的东西。

在深入了解情况之后，我发现在他15岁前都是正常人的行为，后面遇到太多的负面评价、消极暗示了。一边是众人的积毁销骨，一边是自己的自暴自弃，最终他就变成越来越不正常，成为家庭的负担、社会的负担。

小时候，“猪脑壳”可以跟其他小朋友一起玩，还能正常到学校读几年书。成年后，他的动手能力比较强，有些事能无师自通，如维修村民的柴油机等，智力应该是正常的。由于他是家里最小的男孩子，大家都溺爱他，很多农活、家务事都不让他做。结果，他对于家里的很多事情都不会干，他的父亲、母亲、哥哥、姐姐就经常指责他、给他消极暗示。家人一边溺爱与宠爱，一边责骂与批评，让他无所适从。

他的父母经常叫他“猪脑壳”，认为他比猪还要呆笨、愚蠢。起床的时候，他父母就叫“猪脑壳起床”，吃饭的时候，他的哥哥姐姐又叫“猪脑壳吃饭”。当他做错一件小事，大家就群起而攻之，围着他说：“你怎么这么蠢笨、连这点小事都做不好，以后还能做什么呀。”

大家骂得多了，“猪脑壳”就不愿自己做事情了，他宁愿躺平也不愿做事情，因为他害怕别人打骂他。后来，他的哥哥、姐姐、妹妹都成家立业了，他什么事情都不会做，不会种地、不会自理、不会交流，最后变成一个啃老的人，依然住在父母家、由父母照顾。他父母也基本放弃他了，就让他随便游荡、四处疯玩。

时间如流水，他玩着玩着，最后发现父母陆续去世，自己连煮饭、炒菜都不会，饿得直发狂，自己也不敢单独住。为了保住他的命，他妹妹就把他接过去，结果他到了妹妹家里，还是很多事情不会做，结果被妹夫、妹妹一起打骂，最后精神状况就出了问题。

《史记》里有句话总结得很好：“众口铄金，积毁销骨。”意思是，众人张口谩骂、无端指责，即使是坚如铁石的东西，也被熔化。众人以言语相攻击或嘲讽丑化，让人难以生存，最后连骨头都不剩。可见长期的负面评价、消极暗示，也能置人于死地。

如果孩子被贴负面标签影响身心健康，父母可以通过以下几点来补救。

第一，反求诸己，中止负面的评价

反求诸己，就是父母要反省自己的过失，加以改正，而不要一味地责怪孩子，要中止对孩子的各种负面评价，因为负面评价会导致负面行为。心理学上有一种“暗示效应”，当父母对孩子连吼带骂时，就会给孩子一种自我否定、自我批判的消极心理暗示。长此以往，孩子会将这些负面评价内化成对自己的评价，直到真的变成“坏孩子”“笨孩子”“傻孩子”。以上故事中，“猪脑壳”的家人天天打骂他，说他是傻子，结果他真的认为自己是“傻子”。

第二，防微杜渐，阻止负面的行为

防微杜渐，就是在错误或坏事刚露出苗头的时候就加以制止，不使其发展。父母要防微杜渐、及时阻止孩子的负面行为，因为孩子负面的行为会导致社交焦虑、社交恐惧。故事中，“猪脑壳”一开始的负面行为就是生活不会自理，原因是小时候父母溺爱他、包办了他所有的事情，结果他长大后真的不会自理。在孩子 3 岁左右，父母就要学会放手，让孩子自己做自己的事情，这样孩子才能自主成长。

第三，破除农村陋习，是家庭共同的责任

有一些农村的陋习在短时间内是很难改变，但是父母可以改变自己、改变家庭，不让农村的陋习影响孩子的健康成长。

在有些农村，会形成一些骂人的、攻击人的流行话语。有的地方，连给孩子取名字都要带着恶毒的攻击性，比如有的父母给孩子取名“傻蛋狗”“傻死猫”等，还有的父母给女孩子取男孩子的名字，或者给男孩子取女孩子的名字，故意把性别与名字搞错，说是为了让阎王派“牛头马面”来抓人时抓不着。故事中，“猪脑壳”这个名字把孩子叫成了傻子，带有很强的侮辱和歧视成分，他周围的人天天这样叫他，最后潜移默化地内化为对自我的负面评价。

父母要改变这些农村陋习，可以从给孩子取名做起，给孩子取名要有向上的能量，有正面的寓意与积极的暗示。当然，取名要防止走极端，积极暗示也要有一个度，比如有些父母给孩子取名叫“马天一”，示意孩子是天下第一；或者取名叫“牛冠宇”，示意孩子是全宇宙第一。这些“过度的心理暗示”会给孩子造成无形的压力。

第四，积极暗示，让生命自我绽放

智慧父母要允许孩子犯错，要相信孩子会变得越来越好，要对孩子进行积极的心理暗示。当发现孩子的优点和进步时，父母要及时欣赏孩子、鼓励孩子，孩子就会变得越来越聪明、主动、优秀。

孩子的未来是未知的，发展是无限的。经过父母的积极暗示与激励之后，孩子可以发挥最大的潜能，真正实现超越自己、创造奇迹。故事中，“猪脑壳”对柴油机很感兴趣，对机械构造很有心得，能够帮助村民维修柴油机。如果他的父母能够看到这个优点，持续对他进行积极暗示，将来他有可能变成一位优秀的“内燃机维修工程师”。可惜的是，他的父母及亲人没有看到他的优点，又没有进行积极的暗示，而是不断打骂他、对他进行消极暗示，最终毁灭了一个人才。

小时候，我母亲经常亲昵地叫我“霸仔姐”，我听了很亲切也很自豪，那是母亲一直在积极暗示我要不断突破自我、开创一番新天地，我也相信我一定会在中国的南方拥有一片智慧的天空。

GQ 案例

要相信“相信的力量”

我听过一句话：“信达见而宽，不信达见而狭。”意思是，如果人们信任并理解别人，那么心胸就会开阔；如果人们不信任并误解别人，那么心胸就会狭窄。所以相信自己、相信他人，有利于拓宽心胸、提高灵性商数（SQ）。

心理学上有，既有悲观主义定律——墨菲定律，相信人们总会遇到担心的事情；也有乐观主义定律——麦可斯韦尔定律，相信每个人都可以梦想成真。

与其悲观厌世、悲天悯人，不如积极乐观、活于当下。所以，大家要相信“相信的力量”，因为选择相信，既能提升自己的灵性商数（SQ），又能心想事成。

大家可以通过以下三个步骤来运用“相信的力量”。

第一，用聆听、欣赏与转化疗愈自己

大家先要相信自己，要聆听自己、欣赏自己、疗愈自己，把内在的负能量转化为正能量。大家要养成一个好习惯，每天坚持与自己对话，告诉自己，相信自己会变得越来越好。这样，不论是大脑的指挥系统，还是心理的意志系统，都在不断重复与强化这个正念，渐渐地我们就相信自己了。就像刚做父亲的人，听到孩子第一次叫“爸爸”时还是有些担心自己做不好，等到后面孩子叫的次数多了，就自然而然地相信自己是合格的父亲了。

第二，用正能量影响家庭家族与社会

大家相信自己之后，还要相信他人，相信自己的家庭、家族、单位、社区、社会、国家都会变得越来越好，也就是要把自己内在的正能量传递给他人、传递给社会。

大家积极传播正能量，对于他人、社会、国家都有好处。传播正能量既可以提升人们的信心，提高人们的积极性与创造性，增强人们逆势成长的能力；又可以净化社会风气，矫正各种不良思想，督导人心向上向善、和谐绽放，实现社会价值；还可以丰富人民的精神世界，提高公民道德素质，助力文化强国建设。就像“学雷锋活动月”那样，大家都相信出门会遇到好人，真的就会遇见好人。

第三，相信“三恰”，自己好、家族好、社会好

当大家既相信自己，又相信他人之后，还要做到“三恰”——自恰：我身心灵即 6Q 越来越和谐。他恰：我你互动越来越双赢、我你情境越来越匹配了。续恰：我的过去现在与未来越来越连贯了。

个人要想做到“三恰”，需要通过持续学习修，持续提升自己的情商智慧。自己要相信自己会变得越来越好，自己才能变得越来越好；自己要相信家族会变得越来越好，家族很可能变得越来越好；自己要相信社会会变得越来越好，社会才会变得越来越好。就像很多抛头颅、洒热血的革命先辈那样，虽然没有

亲眼看到革命的胜利，但他们一直相信新中国会变得越来越好，现在我们国家真的变得越来越好。

人们只要提升情商智慧、实现“三恰”，就能遇见6Q和谐圆满、智慧的自己。

综上：相信是一种信仰，更是一种力量；种下一个希望，也许能长成一片森林。智慧父母，喜欢给孩子留智慧、留希望。普通父母，喜欢给孩子留金钱、留产业。我母亲既没有金钱也没有产业，她走之前却给我的家族留下丰厚的遗产，那就是她的智慧与希望。回顾我母亲的一生，她身上常有闪耀光芒的人生智慧。母亲给家族的希望，就是她相信我、相信其他家族成员、相信社会、相信国家会变得越来越好。母亲从相信我扩大到了相信更多人，通过积极的暗示让大家持续和谐绽放。后来，我也运用母亲的智慧，运用“相信”的强大力量，继续推进我所热爱的6Q教育事业，我相信所有6Q人会越来越好。我相信在不久的将来6Q教育的使命、愿景和目标都可以实现……

致 6Q 人的一封信：更高智慧源于持续学习修

有智慧有远见的全体 6Q 人：

我是 6Q 刘中良，今天怀着激动、喜悦的心情，给大家写这封信。

去年夏天，酷暑与暴雨交替出现，我冒着滂沱大雨与电闪雷鸣，来回穿梭在全国各地孜孜不倦地讲课，包括讲授“高 EQ 智慧父母”一阶、“青少年 6Q 领袖营”、“高 AQ 智慧父母”、“高 CQ 智慧父母”一阶等专业课。我一边喜悦地讲课，一边抽出余暇持续完善《智慧妈妈十件事》。我这样做的目的，就是要多渠道地传播 6Q 情商智慧，一是通过课程现场演绎来传播，二是通过图书出版发行来延续。

智慧导图:《湘莲的智慧 &6Q 人学习修成长图》

我著作的《智慧妈妈十件事》这本书总结了我的智慧妈妈十种经典的智慧，可以广泛应用到家庭教育、学校教育与社会教育等各个领域。例如，在家庭教育中，可以学习智慧妈妈的做法，学会用多个美好画面去稀释原生家庭中痛苦的记忆。在学校教育中，可以学习智慧妈妈的做法，全面训练孩子的非智力因素与智力因素，持续增强孩子的内在力量，让孩子在学习中更加有动力。在社会教育中，可以学习智慧妈妈的做法，学会用高 SQ、EQ、AQ 做人，用高 IQ、CQ、RQ 做事。

6Q 人掌握了智慧妈妈十种经典的智慧，就可以轻松解决自身遇到的一些问题，不仅自己增长了智慧，还能协助他人化危为机。

当然，面对人生纷繁复杂的问题、社会瞬息万变的情况、人工智能时代的到来等，智慧妈妈这十种智慧可能不够用，应该怎么办？

我要告诉全体 6Q 人，更高智慧源于持续学习修。全体 6Q 人，包括 6Q 全职员工与兼职人员、6Q 家长学员、6Q 青少年学员、6Q 导师、6Q 传播天使，还有所有认可 6Q 理念的人，只要大家不断学习修，就能持续汲取天地间的各种智慧，持续滋养自我、超越自我、和谐自我，最终能够协助他人绽放生命力，在成就他人的同时，也成就自己的幸福。

一、如何学习修？

自古以来，人们的学习就有三个层次，分别是“学—习—修”。古有“修身齐家治国平天下”，现有“父母好好学习修，孩子天天向上善”。

下面，以湘莲的生长状态加以说明。

“学”，就是了解和学习相关知识。它属于“空气”这一层，就是形状各异的莲蓬、莲花、莲苞、莲叶等，相当于要广泛学习，博采各家之长，吸取天地精华、人间智慧。

“习”，就是多复习、多练习、多实践，养成良好的习惯。它属于“水”这一层，就是中通外直、不蔓不枝的莲杆，相当于要积极实践，坚守原则，要结合理性的光芒与情感的智慧。

“修”，就是一个人坚持到底，每天把有文化含量的金句、经句内化一遍，以修炼自己的心性。就是每天内化正能量的品质，提高自身的修养。它属于“泥土”这一层，就是丝丝相连、健硕横生的莲藕，相当于要修成正果，成为乐善好施、左右逢源、内心充满爱与感恩的人。

如何学习修？具体来说，6Q 人在“学”的层面，可以通过购买 6Q 的线下课程、来现场面对面听 6Q 导师讲课，也可以通过 6Q 超级爸妈 App 的线上课堂随时随地学习，也可以通过阅读 6Q 教育的相关图书如《智慧妈妈十件事》《亲子互动 26 问》《6Q 智慧金句》《对勾心理学》《中和智慧》等来提高自己的智慧。在“习”的层面，就是要努力把学到的知识应用到现实生活中，解决一些具体问题，在实践中持续巩固与拓展学习成果。在“修”的层面，要持续修行、修心、修德、修缮自己，最终实现 6Q 和谐圆满。

很多 6Q 家长学员通过持续学习修，成长为智慧父母，让家庭更幸福，让亲子关系更和谐。

很多 6Q 青少年学员通过持续学习修，成就人生“四业”（学业、专业、职业、事业），相信他们会成长为各区域各领域的领袖。

很多 6Q 导师通过持续学习修，实现了个人的专业成长，成为一阶、二阶、推广导师、潜能开发等各个方向的导师，走上讲台，传播智慧，实现“内圣外王”，内在充盈智慧，外在影响广泛。

很多 6Q 传播天使通过持续学习修，实现了自我成长与财富增长的双螺旋式提升，并将 6Q 理念传播到世界各地。

6Q 欢迎你，相信你就是下一个 6Q 和谐圆满、有智慧的人。

二、学习修什么？

学习修什么？6Q 人要积极学习 6Q 的智慧，学习 6Q 体系的课程。

更高智慧源于持续学习修，我向全体 6Q 人推荐几门核心课程：

1. “高 EQ 智慧父母”一阶、二阶，它们是高情商智慧父母的必修课，主要协助家长学员提高育儿、亲子沟通、彼此滋养的情商智慧。

2.“高 AQ 智慧父母”，主要提升父母的逆商智慧，提高父母的意志力，协助孩子提升意志力，学会运用愿景的威力助力孩子的成长，培养孩子坚定的意志、不断突破自我设限、激发成长潜能、达成愿景目标。

3.“高 EQ 智慧教师”，是新时代智慧教师的秘籍，主要提升教师的情商智慧，让教师更轻松，同时可以改善师生关系、促进家校共育，让教师自身更有正能量，让学校工作更加愉快，让学生健康快乐成长，让家校沟通更加顺畅。

4.“青少年 6Q 领袖营”分为 6 个 Q 营：SQ 营主题“爱与感恩”，EQ 营主题“情感与合作”，IQ 营主题“领导与智慧”，CQ 营主题“创意与创作”，AQ 营主题“愿景与意志”，RQ 营主题“口才与理财”。这个课程主要促进青少年非智力因素的学习动力系统（为什么学）和智力因素的学习操作系统（怎么学）两大系统的和谐发展。

5.“6Q 护学劝学行动”，通过课程学习、职业体验、研学旅行、劳动教育、社会综合实践等组合创新的育人方法，促进孩子从厌学到愿学、从愿学到乐学状态的转变，助力孩子成功返校。

…………

当然，6Q 教育还有很多线上与线下课程，6Q 人可以根据自己的需求选择与自身情况相匹配的课程。

6Q 教育课程体系的核心就是和谐的“三赢”智慧，既包括一个人身心灵即 6Q（SQ、EQ、IQ、CQ、AQ、RQ）和谐，又包括两人双赢互动、三人及三人以上你我情境匹配的和谐，同时还包含过去、现在和未来连贯的和谐。这就构成了全方位的、立体的个人、空间、时间三维度的和谐共赢体系。这个体系能促进“人和心灵通、家和万事兴、国和复兴成”。

我坚信“6Q 教育”体系将为中国从人口大国到人才强国、为和谐社会的构建、为中华民族伟大复兴作出应有的贡献，特别是在培养身心灵和谐的人才和打造亲子关系和谐的家庭两个方面贡献力量和智慧。

6Q 教育事业——生存有保障，生活更美好，生命有意义，是“三生合一”的造福自己、造福他人、造福社会的好事业、大事业。

希望越来越多的有志之士加入 6Q 教育事业，通过持续学习修，成为真正的 6Q 和谐的人，更有智慧、更有方法、更有能力、更有信心去完善自己，积极影响他人，造福社会，真正成为情商智慧的受益者、创造者和传播者！

中国·广州

后记
Postscript

《智慧妈妈十件事》推荐语

《智慧妈妈十件事》中的故事，我非常熟悉，听中良分享过很多次，再次阅读，依然感动、依然流泪……上苍不是无所不能的，所以创造了妈妈！感谢我敬爱的公公婆婆，养育培养了这世间独一无二的优秀的中良！我们共同养育了两个健康可爱的孩子。婆婆所有的优良品质：聪慧、机敏、胆识、魄力、创意、口才……我欣喜地在中良和两个孩子的身上一一见证，在我们的家庭家族中多次呈现……一位好妈妈可以旺三代，中良的这位智慧的伟大的妈妈，何止旺三代、六代！6Q体系的智慧，经由我们共同的创建和传播，将积极影响更多的智慧妈妈、智慧爸爸，成为四万万和谐家庭的核心推动力！

——国家二级心理咨询师、6Q教育创始人之一：6Q·汤爱武（广州）

“慈母手中线，游子身上衣。临行密密缝，意恐迟迟归。谁言寸草心，报得三春晖。”母爱是深邃而又伟大的人类情感，是一朵永远盛开的花。不管我们是否在她身边，它都会在我们的心中开放。如果说孟郊的《游子吟》是独在异乡的游子对母亲的思念，那么本书就是作者对逝去母亲的深深思念、长情缅怀，是人生长河中母子之间温情互动的念念回响，是夜深人静时心灵深处伟大母爱的浅吟低唱。朴实平和的语言、饱含深情的故事、立意隽永的哲理……都值得一读。可独自品味，或亲子共读，抑或家庭共阅。相信您会体会到神奇而伟大的母爱之美。当我们还是个孩子的时候，母亲是我们的整个世界，当我们长大了，我们会发现，我们就是母亲的整个世界。

——注册国际心理咨询师、萨提亚家庭治疗模式咨询师：6Q·吴中仁（上海）

“妈妈”在每个人心目中，都是非常特殊的存在，对我们的一生有着特别的影响。我们跟妈妈的关系，会影响着我们与自己、与伴侣的关系。刘中良总导师所著的《智慧妈妈十件事》，让我们看到一位平凡的妈妈，她生活在农村，不识字，没有做过啥惊天动地之事……但她又是一位智慧的妈妈，因为她爱孩子，而且懂得怎样爱孩子，她用自己的方式在那样艰苦的环境里维护着孩子的自尊，给予孩子足够的心理营养。这本书通过十件事，让我看到刘老师的智慧妈妈的同时，也会反思自己，我的妈妈在我成长的过程中，也给了我很多美好的品质，给了我很多的爱……不同的读者都可以在本书读到自己的故事，学习成长，让自己成为更智慧的父母。

——国家二级心理咨询师、一阶二阶导师、导师班导师：6Q·毛晓丹（广州）

岁月不同、境遇不同、父母不同，但那份伟大的爱和智慧却能穿越时空，传递能量，照亮生命。

——萨提亚家庭治疗模式咨询师、家庭教育指导师、二阶授课导师：

6Q·赵彤彤（杭州）

我要特别感恩智慧善良妈妈和勤劳远见父亲对我的支持和培养，特别是在 1988 年 8 月的一天，我第一次去深圳宝安沙井闯荡的时候。当时，我在姐姐家获知深圳有打工的机会且收入颇高，就回家准备。当时我在外做木工活结算到手的工钱已全部用完，为了筹集去深圳的路费，父母毫不犹豫地将从田里收割上来的稻谷卖得的 151 元钱全部给我做路费和各项开支。回首往事，感慨万千。特别感恩父母智慧放手、胸怀远见以及对我们无条件的支持！

——国家心理咨询师、6Q 教育东莞办事处原主任：

6Q·刘中阳（东莞）

2015 年我第一次走进刘中良老师的课堂就听他分享关于智慧妈妈的故事，分享到一些特别感人场景的时候，下面的学员都纷纷落泪，多年后在刘老师的课堂上，我还是会因为他分享关于智慧妈妈的故事而感动得泪流满面。我想可能是因为他口中的妈妈虽然是这样的平凡普通，没有惊天动地的事迹，也没有丰富的物质基础，但有伟大淳朴而又无私的爱，让孩子们受益终生。而我也同样有这样一位平凡普通的妈妈，同时我更希望我自己也能成为我孩子们骄傲的妈妈，所以我持续地在 6Q 体系学习成长。这本书值得每一位平凡而伟大的妈妈研读。

——国家二级心理咨询师、高级家庭教育指导师：6Q·张喜桂（中山）

这本书不仅是一本讲述个人成长的故事，更是一本启迪智慧、传递正能量的佳作。它让我们明白，母爱是无私的，是永恒的，是充满智慧的，是值得我们珍惜和传承的。通过阅读这本书，我们不仅能够感受到作者与母亲之间的深厚情感，更能从中汲取到许多有益的人生经验和智慧。如果你正在寻找一本能够触动你内心深处、让你感受到母爱温暖的书，那么这本书值得一读。它不仅会让你回忆起与母亲的美好时光，更会让你成为更好的妈妈有切身的理解和感悟。这是一本值得推荐的好书，强烈推荐大家阅读。

——国家二级心理咨询师、青少年学业规划师：6Q·唐文峰（厦门）

西汉时期韩诗学的创始人韩婴在《韩诗外传》中说："贤母使子贤也。"意为贤良的母亲会教育孩子学好。那什么样的贤母才能培养出 6Q 教育品牌创始人刘中良老师这样出色的人才呢？在《智慧妈妈十件事》里，刘老师记录了妈妈对自己影响非常大的十件事。每件事都蕴含了丰富的育儿智慧，通俗易懂却带给我们实用可操作、易落地的方法，每个妈妈都可以从中受到启发，将对孩子的母爱与育儿的智慧完美结合。该书值得向所有的父母推荐。

——国家婚姻家庭咨询师、高 EQ 导师：6Q·匡海燕（东莞）

一段童年，一段情，一路成长，真智慧。

听刘老师的课回味无穷，感受到幸福的童年疗愈一生的智慧，如今用文字载着一篇篇、一幕幕的故事，回味无穷。生活的感悟，是智者将故事浓缩转化的精华，纯朴，真实，值得品读。图书不止写出了时代的文化，情感的沉淀，更让我体悟到智慧的传承，给我的人生成长带来指导。感恩刘老师。

——高 EQ 导师、心理咨询师：6Q·朱桂花（广州）

本书通过真实故事，讲述了朴实无华的妈妈如何养育出三恰圆满的孩子。本书实操性强的案例，能为养育孩子感到困惑、焦虑、担心、无奈的家长们带去方法。希望更多的家长有缘结识此书，做一个智慧父母，让家庭受益。

——高级心理咨询师、高级家庭教育指导师：6Q·邹文萍（南宁）

刘老师深切缅怀妈妈的《智慧妈妈十件事》这本书，让我感受到了母爱的伟大。虽然妈妈不识字，但她用智慧、善良、勤劳、自信包容与呵护着包括刘老师在内的所有子女成才成家。在书中，刘老师用朴实的语言描述了妈妈的各种品质，以及这些品质如何影响自己的成长。妈妈的智慧让她在面对生活的困难时能够找到解决办法，善良让她始终保持一颗感恩的心，勤劳让她为家庭付出了所有，自信包容让她在面对挫折时能够保持坚强。这些品质不仅是智慧妈妈的珍贵财富，也是我们每个人应该学习的。通过这本书，我们知道母爱的伟大表现在母亲能运用智慧、善良、勤劳、自信、包容等品质从容面对各种挑战。总之，这本书是一份珍贵的礼物，让我们更加珍惜母爱，更加珍惜生命中的每一个时刻。

——国家二级心理咨询师、分享会导师：6Q·陈佩嘉（南宁）

在阅读《智慧妈妈十件事》中，我们被智慧妈妈为人处事的智慧所折服。书中每一件事均以真情回放、感恩影响及智慧行动等多个维度去阐明如何高效运用智慧去打造和谐家庭。高EQ智慧父母不仅要在情感上温暖人，还要在行动上启发人。这让我们想起明代心学集大成者王阳明提出的“知行合一”的理念，知是行之始，行是知之成。我们在处理家庭矛盾冲突时，不仅要做到情感上的共情，还需要有智慧的行动，真正实现情与智相结合，做新时期有情感有智慧的父母。“情是智之源，智是情之果”，隆重推荐刘老师这本书给大家潜心研读，细心体会，用心感悟。

——家庭教育实战型导师、夫妻导师：6Q·姜贵林（山东）、6Q·朱桂花（广州）

每次在“高EQ智慧父母”一阶的3天课程中听到刘老师与母亲的故事，我都潸然泪下。当看到刘老师为了纪念母亲专门写一本书的时候，我有一份深深的感动，更有一份深深的幸福。因为刘老师跟自己母亲之间的故事对我们很有借鉴意义。刘老师的成长轨迹就是母亲的世界地图，母亲的“碎碎念念”，也温暖了刘老师的岁岁年年。这本书里有刘老师与母亲的温暖故事，有母亲在刘老师人生路口的智慧引导案例，更有刘老师人生事业遇到挑战的托举方法。小时候总想仗剑走天涯，长大后想待在妈妈身边细数年华。这本书可以协助广大父母运用高情商智慧拯救“迷途”孩子，把家打造成孩子温暖的港湾，方法简单落地，值得父母们带一本回家作为枕边书细细品味。

——心理咨询师、心理学硕士：6Q·薛灿灿（上海）

父母既要塑造孩子的大脑，也要塑造孩子的灵魂，把孩子培养好是智慧父母一生伟大的事业。6Q智慧就是父母如何把孩子培养好的简单、落地、易操作的体系。

——国家二级心理咨询师、幸福家庭高级指导师：6Q·陈余乐（杭州）

母爱也许是世界上最伟大的力量。一个弱女子，成为母亲之后，就变得智慧变得刚强。所以母亲都是天生的哲学家。

刘老师用他特有的方式诠释了这份智慧，这样的智慧也可以从千千万万的母亲身上看到。更难能可贵的是，刘老师从日常入手，把母亲的智慧从生活中提炼出来并且升华，让我们可以更好地学习、实践和感恩。刘老师的这份功德，不仅是对生他养他的母亲的最好回馈，更是将这样一份母爱发扬光大，撒向了千千万万家庭。

——国家二级心理咨询师、高级家庭教育指导师、高级婚姻情感咨询师：6Q·孙爱军（海口）

2017年第一次接触刘中良老师的课程，聆听刘老师妈妈的智慧故事，曾经为之深深地震撼！智慧妈妈宛若迷航时的灯塔，给孩子指引方向；宛若冬日的暖阳，温暖孩子的心灵！母爱是世间伟大的、有力量的爱！这本书，值得我们反复阅读。《智慧妈妈十件事》值得每位父母阅读并汲取育儿智慧！

——高EQ导师、高级家庭教育指导师：6Q·陈洁（深圳）

所谓奇迹，不过是爱与智慧的终极表达。书中的故事都是生活中看得见、摸得着的普通事。育儿的智慧是心理生长出来的大格局与情感表达的能力。

父母爱子女不在于干了什么惊天动地的大事，而在于细微的互动中让孩子感受到被爱、被关心、被珍视，父母对孩子无私的爱就是孩子一生的底气。

——高级家庭教育指导师、心理咨询师：6Q·任亮（海口）